심리상담과 AI의 융합

AI문고

인공지능 시대입니다. 기계가 인간의 인지를 대신하고, 사물이 인간을 통하지 않고 다른 사물과 직접 커뮤니케이션합니다. 이에 따른 인간 삶과 문명 변화를 정확히 이해·예측·대응하는 것은 이 시대 우리 모두의 과제입니다. AI문고는 인공지능 기술과 환경의 여러 주제를 10가지 키워드로 정리합니다. 관련 개념과 이론, 학계와 산업계의 쟁점, 우리 일상의 변화를 다룹니다. 인간과 기술의 현재, 미래를 세심히 분석합니다.

일러두기

- 인명, 작품명, 저서명, 개념어 등은 한글과 함께 괄호 안에 해당 국가의 원어를 병기했습니다.
- 외래어 표기는 현행 어문규정의 외래어표기법을 따랐습니다.

처음이세요?

전문가세요?

심리상담과 AI의 융합

이혜숙

대한민국, 서울, 커뮤니케이션북스, 2026

심리상담과 AI의 융합

지은이 이혜숙
펴낸이 박영률

초판 1쇄 펴낸날 2026년 1월 23일

커뮤니케이션북스(주)
출판 등록 2007년 8월 17일 제313-2007-000166호
02880 서울시 성북구 성북로 5-11
전화(02) 7474 001, 팩스(02) 736 5047
commbooks@commbooks.com
www.commbooks.com

ISBN 979-11-430-1744-4 03500

책값은 뒤표지에 표시되어 있습니다.

차례

새로운 시대, 심리상담 도구로서의 AI

코로나19 이후 지속된 정신건강 문제가 부각되면서 디지털 정신건강 수요가 폭증하고 있다. 이를 반영하듯이 2024년 한국의 "정신건강 앱" 시장 매출은 약 4860만 달러였다. 또한 이 시장은 2025~2030년 사이 연평균 성장률 약 19.3%를 보일 예정이며, 2030년에는 약 1448억 달러에 이를 것으로 예측된다(Grand View Research, 2025). 한국에서는 전통적인 의료 중심의 정신건강 서비스뿐 아니라, 디지털 치료제 및 앱 기반 멘탈 헬스 서비스가 점차 주목받고 있다(Spherical Insights, 2025). 이는 스마트폰 보급률이 매우 높고, 인터넷 접근성이 우수한 대한민국의 기술 인프라로 인하여 이를 바탕으로 디지털 정신건강 서비스가 일반화할 수 있는 기반이 갖춰져 있기 때문이며, 특히 청소년 · 청년 · 직장인처럼 스마트폰과 디지털 환경에 익숙한 집단을 대상으로 접근성과 수용성 측면에서 디지털 치료제 및 앱 기반 멘탈 헬스 서비스는 더욱 주목되리라 생각한다(Spherical Insights, 2025).

AI 시대에 들어오며, 오늘날 대형 언어 모델(LLM)의 활용은 인공지능 전문가에 국한되지 않고 일반 대중까지 폭넓게 확산되는 추세다. 2025년 8월 ChatGPT 앱 사용자는 2000만 명을 넘어섰으며, 20대부터 40대까지가 전체 사용자의 약 70%를 차지하였다(와이즈앱 리테일, 2025). 이는 젊은 세대를 주축으로 생성형 AI가 검색, 글쓰기, 교육 등 일상의 다양한 작업에서 자연스럽게 삶의 일부로 통합되고 있음을 보여 준다. 특히 AI와의 새로운 대화 기술인 프롬프팅과 AI가 최상의 응답을 하도록 프롬프트를 설계 조정하는 기술인 프롬프트 엔지니어링은 AI 시대의 새로운 역량으로 부상하고 있다.

동시에 노코드(no code), 로코드(low code) 방식인 바이브 코딩 기술의 등장은 AI 개발의 기술적 장벽을 크게 낮추고 있다. 통계에 의하면, 80%의 IT 비전문가들이 2024년 이후 멘탈 헬스 케어 앱을 비롯한 디지털 제품을 직접 개발하기 시작하였고, 2025년에는 전문 개발자를 4:1 비율로 추월할 전망이다(The Adalo Team, 2025). 이러한 AI의 민주화 추세는 심리상담 현장에서도 IT 전문가가 아니어도 개발 가능한 멘탈 헬스 케어 또는 심리상담 보조 도구가 최신의 인공지능 기술을 통해 증가할 것임을 의미하며, 심리상담사에게는 AI의 이해와 활용을 의미하는 인공지능 리터러시 기술이 필수 역량으로 자리 잡을 것으로 예측된다.

젊은 세대는 AI에 대한 수용도가 높고, 따라서 AI는 일상 속에서 자연스럽게 통합되는 추세다. 이들은 AI 활용 능력을 시대의 필수 경쟁력으로 인식하고 있으며, 생성형 AI를 사용한다는 사실을 숨기기보다 오히려 AI 활용 능력을 타인에게 드러내고 싶은 매력적인 역량으로 인식하고 있었다(OpenAds, 2025.9.2). 이 세대는 교육 환경과 학교 현장에서도 이미 AI와 공존하고 있는 것으로 보인다. 최근 문제가 된 모 대학의 비대면 강좌 수업 중간고사 'AI 커닝 파문'은 이러한 실정을 잘 보여 주는 사례다. 학생들 상당수가 ChatGPT 등 생성형 AI를 이용해 답안을 작성하였고, 같은 기사에서 한국직업능력연구원 조사에 따르면 4~6년제 대학생 726명 중 91.7%가 과제나 자료 검색에 AI를 활용한 경험이 있다고 답하였다(조선일보, 2025.11.10). 이는 인공지능 기술 사용의 대중화를 교육 현장에 고려하지 못해 발생한 아이러니로 향후 이들을 위한 교육 현장의 AI 융합을 고려한 빠른 변화가 요구된다고 볼 수 있다. 더불어 심리상담 현장에서도 AI의 수용도가 높은 젊은 내담자들의 기대에 부응하고 원활한 소통을 위해 심리상담사들이 AI 활용 역량을 갖추는 것이 점점 더 중요해질 것으로 고려된다.

이러한 흐름에 발 맞춰 국내외 법과 제도도 AI의 활용을 촉진하거나 적절하게 규제하기 위한 방향으로 변화하고 있다. 우선 국제적으로 유럽연합(EU)이 2024년 인공지능에 대한 세계 최초의 포괄적 법률인 AI 법(AI Act)을 채택하였다. 위험 수준에 따른 AI의 분류와 안전 · 투명성 · 기본권 보호를 핵심 목표로 하는 이 법은 2년의 유예기간 후 본격 시행될 예정이다(European Parliament, 2025.2.19).

AI 기반 심리상담 정신건강 서비스는 AI 법에서 일부 AI는 고위험(High-risk) 범주에 포함된다. 이는 정신건강 및 상담 서비스가 개인의 건강권 · 안전 · 기본권에 중대한 영향을 미치기 때문으로 따라서 진단 및 평가, 상담 개입 또는 치료적 조언 제공, 내담자의 데이터를 기반으로 감정 분석이나 위기 신호를 탐지하는 것과 같은 위험 판단을 수행하는 것은 개인의 기본권 위험과 관련되므로 고위험군으로 분류된다. 이렇게 고위험군에 적용되는 구체적 제약 사항은 8가지로 시장 출시 전 사전 적합성 평가 의무, 위험 관리 시스템 구축 의무, 고품질 데이터 요건, 로그 기록 및 추적 가능성 의무, 인간 감독 필수, 투명성 사용자 정보 제공 의무, 정기적 모니터링 의무, EU 고위험 AI 데이터베이스 등록 의무다. 특히 상담 심리건강 AI가 지켜야 하는 추가 제한으로는 자살 위험 상황 자동 판단 금지(단독 개입 금지)로 즉, AI가 위험 상황을 스스로 판단해서 개입하는 것은 허가되지 않으며, 진단 단독 제공 금지, 내담자 데이터 자동 의사 결정 금지가 있다. 이는 향후 AI 개발과 활용 시 지켜야 하는 가이드라인을 마련한 것으로 이후 다양한 분야의 AI 활용 지침에 근간이 되고 있으며, 상담 및 의료 영역에서도 AI를 도입할 때 윤리적 고려사항으로 작용하고 있다.

국내에서는 2024년 12월에 국회 본회의를 통과하였고 2026년 1월에 시행 예정인 AI 기본법(AI Basic Act)이 추진되고 있다(LawTimes, 2025.1.6). 이 법은 한국 내 인공지능의 개발 및 활용 전반에 걸친 통합된 규제 및 지원 체계를 제공하는 프레임워크 법으로 AI 산업의 혁신과 경쟁력 확보를 도모하는 동시에 시민의 권익 · 안전 · 신뢰 확보를 위한 윤리적이고 책임 있는 AI 활용을 법적으로 보장하는 것을 목표로 한다. 대한민국 AI 기본법에서 고영향 분야는 보건의료 기본법, 의료기기법과 관련한 질병의 진단 · 치료 · 예방 등이며 현재 심리상담 정신건강 분야는 고영향 분야로 명시되지는 않았다(국가법령정보센터, 2024). 그러나 향후 심리상담 정신건강 분야는 자살 위험 평가 및 우울 · 불안 스크리닝과 같은 정신병리 관련 조언과 평가 및 위기 판단이 사람의 삶 · 건강과 관련하여 중대한 영향을 미치므로 고영향 분야로의 분류가 예상된다.

고영향으로 분류될 경우 추가적인 의무 사항이 발생되며, 위험 관리 방안의 수립 · 운영, 고영향 인공지능에 대한 사람의 관리 · 감독, 안정성 · 신뢰성 확보를 위한 조치의 내용을 확인할 수 있는 문서의 작성과 보관 등이다. 즉 이는 AI 단독으로 상담 및 치료 제공은 사실상 금지되므로 인간 전문가의 지속적인 감독과 개입은 필수적이 될 것임을 예상할 수 있다. 특히 상담 및 정신건강 영역은 향후 인공지능 관련 법에서 가장 높은 수준의 관리 대상이 될 가능성이 크기 때문에, 심리상담 전문가에게 AI를 이해하고 다룰 수 있는 역량인 AI 리터러시(AI literacy)는 선택이 아니라 필수적인 전문 능력으로 더욱 요구될 것으로 예상된다.

한편 교육 제도에서도 AI 적응을 위한 변화가 진행 중이다. 초 · 중등 교육과정에서는 AI 소양 함양을 위한 내용이 포함되고 있다. 교육부는 2025년 11월에 모두를 위한 인공지능 인재 양성 방안을 발표하며, 2028년까지 전국 2000개 학교를 AI 중점 학교로 지정하고 시도교육청

별 AI 교육지원센터를 설치하며 국가교육위원회와 함께 초 · 중등 AI 교육과정 개정을 추진하겠다고 밝혔다(대한민국 정책브리핑, 2025.11.10).

의료 및 상담 분야에서는 디지털 치료제와 원격 의료에 대한 규제 정비가 이루어지고 있다. 국내에서는 식품의약품안전처가 2024년 1월 디지털 의료제품법을 제정하여 빠르게 등장하는 디지털 기술을 적용한 첨단 디지털 의료 제품의 허가 및 안전 관리를 체계화해 국민 건강을 향상하고 디지털 의료 제품을 발전시키기 위한 규제 체계를 마련하였다(medifonews, 2025.1.22).

이러한 법 · 제도적 변화들은 AI의 책임 있는 활용을 촉진하는 동시에 새로운 기술을 현장에 안전하게 접목할 수 있는 기반을 구축하고 있다. 이를 종합적으로 고려할 때, 심리상담사가 AI를 다루는 일은 더 이상 선택이 아니라 전문성의 필수 요소로 부각될 것으로 고려된다. 빠르게 대중화된 LLM 기반 생성형 AI 시대, AI 기술 기업들의 멘탈 헬스케어 분야의 진출과 디지털에 익숙한 젊은 세대의 수요와 기대, 그리고 이를 뒷받침하는 제도적 변화가 모여 심리상담 분야에 새로운 혁신과 변화가 요구되고 있다. 전문적인 인간적 공감과 윤리적 판단은 여전히 상담의 핵심이지만, 여기에 AI 도구를 효과적으로 활용하는 능력이 더해질 때 상담사는 시대에 맞는 최적의 서비스를 제공할 수 있게 될 것이다. 상담 전문가가 이러한 시대적 흐름을 인식하고 능동적이고 적극적으로 AI를 습득함으로써, 다가오는 환경에서 더욱 폭넓고 주도적인 역할을 수행하게 될 것이다.

한국상담심리학회는 2024년 가을 학술대회에서 ChatGPT를 활용한 상담사 훈련 프로그램을 시연하여 큰 호응을 얻었고, 약 450명의 상담심리사가 온라인으로 동시에 수강한 바 있다(한국상담심리학회, 2024.9.12). 이 세션에서는 대규모 언어 모델(LLM)인 ChatGPT의 특징과 프롬프트 엔지니어링 기법을 소개하고, 상담사가 직접 심리상담 챗봇을 만들어 대화 연습에 활용하는 과정이 시연되었다. 2025년 5월에는 '생성형 AI 시대에 상담심리사의 영역을 지켜내려면'이라는 제목의 칼럼이 우수작으로 선정되기도 하였는데, 이 칼럼에서는 AI 챗봇 등장 초기, 심리상담사의 불안과 함께 심리상담사로서 앞으로의 변화된 흐름에 어떻게 대응해야 하는지에 대한 고려가 다루어졌다(한국상담심리학회, 2025a). 필자는 ChatGPT 기반 상담 챗봇의 기술적 한계를 직접 대화하며 깨닫고, 심리상담 전공 지식을 갖춘 전문 상담사가 심리상담 챗봇 개발에 참여해야 진정 치료적인 챗봇을 만들 수 있다는 점을 강조하였다. 또한 2025년 5월에 한국심리상담학회의 '심리상담에서의 AI 활용에 대한 윤리적 권고문'이 발표되어 변화하는 시대적 흐름을 선도하는 모습을 보이기도 하였다(한국상담심리학회, 2025b). 2025년 10월 제주에서는 "불확실한 시대, 행복을 찾아가는 길"이라는 주제로 학술대회를 가졌다. 비록 이번 학술대회 주제가 직접 AI를 언급하고 있지는 않으나, "AI 시대의 창조적 공부법", "상담과 상담 교육 보조를 위한 AI 개발과 활용의 실제", "생성형 AI를 활용한 윤리적인 상담 연구", "AI와 상담의 미래", "AI 시대의 상담 심리학", "긍정 심리치료 매뉴얼을 기반으로 한 AI 챗봇 설계 및 상담 적용"과 같은 다양한 AI 관련 강의들이 개설되어져 학계 차원에서 AI 활용 역량을 필수적 전문성으로 강조하는 흐름이 강화되었다(한국상담심리학회, 2025c).

이와 같은 기조에서 한국상담심리학회는 AI를 상담의 새로운 도구로 수용하되, 인간 상담사의 전문성이 중심이 되어 AI를 책임감 있고 윤리적으로 활용해야 한다는 일관된 입장을 보이고 있다.

한국상담학회는 2025년 6월 열린 연차학술대회에서 "마음 건강과 국민 행복, 상담의 미래를 그리다"라는 주제로 진행되었으며, 상담 분야에서의 디지털 혁신에 대한 화두가 다루어졌다. "상담에서의 챗지피티 활용하기", "디지털 치료제의 현황과 상담에서의 활용 가능성", "생성형 AI를 활용한 심리 서비스 에이전트 개발"(신용욱, 2025.4.28) 등의 강의 개설은 새로운 시대의 변화를 반영하는 모습으로 "상담에 도움이 된다면 적극적으로 배우고 활용하는 게 필요한 때", "제대로 알고 활용하되 통합하고 정리하고 판단하는 것은 상담사의 몫"임을 참여자들에게 명확히 인식시키는 시간이 되었다(한국상담학회, 2025).

한국심리학회는 2025년 8월 일산 킨텍스에서 열린 연차학술대회에서 "탈경계 시대의 심리학: 위기와 기회"의 주제로 진행되었으며, 인공지능과 같은 첨단기술로 인해 학문 간 경계가 허물어지는 시대에 심리학의 새로운 역할을 탐색하는 자리를 가졌다. 본 연차학술대회에서도 2024년 개설된 "인공지능 도구를 활용한 심리학 연구 수행과 연구 윤리" 강의에 이어서 "AI 시대와 심리학 R & D의 새로운 미래: 기술을 넘어 인간 중심으로", "변혁과 혁신의 심리학: AI 시내 산업 조직 현장의 전략과 연구", "AI와 심리학 논문 작성" 등의 강의들이 진행되었다. 또한 "국가 AI 정책과 조직의 디지털 전환에 있어 사람의 마음에 중심을 두는 안전한 심리 서비스" 등 심리학의 역할에 대해 생각해 보고 "AI 도입이 사람-기술의 건강한 공존으로의 재정의"로 재구조화해야 한다는 인사이트를 주며 심도 깊게 논의되어졌으며(한국심리학회, 2025), AI와 심리학의 융합을 적극적으로 받아들이는 행보를 보였다.

이처럼 심리상담학계 전반에서도 AI가 화두로 자리 잡아 가고 있으며, 실무 현장에서의 AI 수용도는 점진적으로 높아지는 추세다. 이제는 "AI가 상담사를 대체할까?"라는 우려와 경계보다는 "어떻게 잘 융합해 나갈까"로, AI를 보조적 도구로 활용하는 것을 긍정적으로 검토하는 분위기다. 이는 다양한 학술대회의 후기에서 "AI를 거부할 게 아니라, 시대 흐름에 맞춰 배우고 활용하는 것이 필요하다고 느꼈다"는 반응들에서도 알 수 있다(김주희, 2025; 한국심리학회, 2025).

2025년을 기점으로 심리상담 분야는 AI와의 본격적인 접점에 들어섰으며, 향후 이러한 흐름은 가속화 될 것으로 보인다. 각 학회에서 논의된 바와 같이, AI 챗봇, 디지털 치료제, 정신건강 앱 등이 상담의 보조 수단으로 자리 잡아 나가는 한편, 윤리적 가이드와 효과 검증 연구도 함께 병행되며 안전하고 효과적인 통합을 추구해 나가리라 기대된다. 상담사들은 이 역할을 다 하기 위하여 AI와 공존하는 법을 배우고, AI는 상담사의 역량을 증폭시키는 조력자로 쓰이는 방향으로 진화해 나갈 것이다.

상담의 형태는 AI와의 융합의 형태로 조금씩 변모할지라도, 그 안에 "사람", "인간성", "내담자와의 정서적 관계성" 등 사람만이 할 수 있는 내담자의 마음을 이해하고 치유로 이끄는 힘은 인간 상담사의 몫이라는 점은 변함이 없다. AI와 인간 상담사와의 융합은 이제 선택이 아니라 미래 심리상담학의 핵심 의제로 떠오르고 있다. 학계가 이 변화를 함께 성찰하고, 책임 있는 방향을 추진할 수 있도록 체계적인 논의와 적극적인 지원이 이어지기를 기대해 본다.

참고문헌

국가법령정보센터(2024). "인공지능 발전과 신뢰 기반 조성 등에 관한 기본법".
https://www.law.go.kr/법령/인공지능발전과신뢰기반조성등에관한기본법/(20676,20250121)

김주희(2025). 2025 제79차 한국심리학회 연차학술대회 참가 후기.
https://www.gachon.ac.kr/psychology/5126/subview.do?enc=Zm5jdDF8QEB8JTJGYmJzJTJGcHN5Y2hvbG9neSUyRjg1MSUyRjExMzMxMyUyRmFydGNsVmlldy5kbyUzRg%3D%3D

대한민국 정책브리핑(2025.11.10). "'전 생애주기 인공지능 보편교육 강화' … 2028년까지 'AI 중점학교' 2000개로".
https://www.korea.kr/news/policyNewsView.do?newsId=148954472

신용욱(2025.4.28). "[한국상담학회] 프로그램 일정 배치표 및 상세 일정표, 수강신청 방법 안내 [2025 연차학술대회]". psytimes. http://www.psytimes.co.kr/news/view.php?idx=10144&mcode=&page=2

와이즈앱 리테일(2025). "ChatGPT 국내 앱 사용차 2천만 돌파!" http://www.wiseapp.co.kr/insight/detail/554

조선일보(2025.11.10). "온라인 시험 중 자꾸 딴곳을… 연세대 50여명 'AI 커닝' 파문". https://www.chosun.com/national/national_general/2025/11/09/H4NZNXFVJNHBXCBXXYXZFVWUZI/

한국상담심리학회(2024.9.12). "2024년 학술대회 개최 안내"(공지사항). https://krcpa.or.kr/bbs/view.asp?page=4&rows=40&task=ins&bid-bid_3&bord050Seq=762669

한국상담심리학회(2025a). [2025 학회원 홍보 칼럼] 생성형 AI 시대에 상담심리사의 영역을 지켜내려면? / 배우들의 마음 옆, 상담심리사 [Video]. YouTube. https://www.youtube.com/watch?v=3Q3iA4-jrDU

한국상담심리학회(2025b). "심리상담에서의 AI 활용에 대한 윤리적 권고문". https://krcpa.or.kr/user/bbs/view.asp?page=1&rows=15&task=ins&bid=bid_52&bord050Seq=821574&searchText=

한국상담심리학회(2025c). "2025년 가을 학술대회 개최 안내". https://krcpa.or.kr/user/bbs/view.asp?page=1&rows=15&task=ins&bid=bid_50&bord050Seq=832128&searchText=

한국상담학회(2025). "상담, 그 미래를 마주한 이틀간의 여정", KCA 뉴스레터, 5. https://zinemoa.co.kr/newsletterWrap/kca/vol5/sub1.html

한국심리학회(2025). "2025 제79차 한국심리학회 연차학술대회:

일정 안내".
https://www.koreanpsychology.or.kr/KPA2024/notice/notice_view.html?no=305&page=1

BioTimes(2024.8.5). "세계 첫 시행 디지털의료제품법, 산업 발전과 안전성 다 잡을 수 있을까?".
https://www.biotimes.co.kr/news/articleView.html?idxno=16450

European Parliament(2025.2.19). EU AI Act: First regulation on artificial intelligence.
https://www.europarl.europa.eu/topics/en/article/20230601STO93804/eu-ai-act-first-regulation-on-artificial-intelligence

Grand View Research(2025). South Korea mental health apps market size & outlook.
https://www.grandviewresearch.com/horizon/outlook/mental-health-apps-market/south-korea

LawTimes(2025.1.6). "AI 기본법 통과의 의의 및 산업계에 미칠 영향".
https://www.lawtimes.co.kr/LawFirm-NewsLetter/204461

medifonews(2025.1.22). "식약처, 디지털의료제품법 24일부터 시행".
https://www.medifonews.com/news/article.html?no=199258

OpenAds(2025.9.2). "Z세대의 AI 활용 방법과 인식은?".
https://openads.co.kr/content/contentDetail?contsId=17270

Spherical Insights(2025). South Korea mental health market report.
https://www.sphericalinsights.com/reports/south-korea-mental-health-market

The Adalo Team(2025.7.26). 37 no-code market growth statistics every app builder must know in 2025.
https://www.adalo.com/posts/37-no-code-market-growth-statistics-every-app-builder-must-know

01
AI 발전과 심리상담

AI 확산으로 변화하는 상담 현장의 흐름은 어떠한가. 젊은 세대를 중심으로 ChatGPT의 사용이 대중화되며 상담사 및 심리상담에 대한 내담자의 기대가 높아지고, 수련 상담사의 수련 환경 또한 새로운 변화가 촉구되고 있다. 이러한 흐름 속에서 상담사는 AI를 창의적이고 전문적으로 활용할 역량을 갖추어야 한다는 불안감과 조급함 또한 공존되고 있다. 새로운 변화에 대한 심리상담사들이 갖추어야 하는 태도에 대해 다루고자 한다.

기후 위기와 인공지능?

LLM 시대의 도래

2022년 11월 30일 ChatGPT 3.5의 출시로 대규모 언어 모델인 LLM의 시대가 열렸고, 지금까지 LLM의 발전 속도는 점점 빨라지고 있다. 2025년 11월에 공개된 GPT-5.1은 성능, 멀티모달(multimodal) 처리 능력, 고도화된 추론 능력, 정확성, 속도 면에서 이전 세대 대비 크게 향상되었다. 특히 GPT-3.5가 주로 텍스트 기반 대화형 모델이었다면, GPT-5.1은 텍스트뿐 아니라 이미지, 오디오, 그리고 제한적 범위의 비디오 입력까지 처리할 수 있는 확장된 멀티모달 기능을 갖추어 보다 통합적인 AI 모델로 발전하였다(OpenAI, 2025). 이는 인공지능에서 사람들이 일상적으로 사용하는 언어인 자연어 기반 인터페이스가 열린 것으로, 사용자는 프로그래밍 언어 대신 일상적으로 사용하는 언어인 자연어로 명령을 내릴 수 있게 되었고, AI는 맥락을 이해하고 추론하며 대화를 나누고 피드백을 주는 존재로 진화했음을 의미한다.

2025년 8월 ChatGPT 앱 사용자는 2000만 명을 넘어섰으며, 20대부터 40대까지가 진체 사용자의 약 70%를 차지하였다(와이즈앱 리테일, 2025). 이 통계 자료는 젊은 세대를 중심으로 ChatGPT 사용이 급격히 대중화되고 있음을 보여 준다. 이에 따라 상담 현장에서도 인공지능 환경에 익숙한 젊은 수련 상담사를 중심으로 기존 수련 체계의 변화가 요구되고 있다. 또한 내담자들은 ChatGPT를 통해 경험한 즉각적이고 정교한 공감 반응을 상담에서도 기대하게 되면서 상담사에 대한 기대 수준이 전반적으로 높아지고 있다. 이러한 변화는 상담계에 인공지능 발전이 가져오는 새로운 기회와 동시에 도전 과제를 제시하고 있다.

상담사의 불안과 기회

AI의 발전은 상담 현장에서 상담사들에게 상반된 두 가지 정서, 즉 걱정과 기대를 동시에 불러일으키고 있다. 빠르게 변화하는 기술 환경에 익숙하지 않은 상담사들은 "AI가 인간 상담사를 대체할 수 있다"는 우려를 갖기도 한다. 그러나 다른 한편으로는 AI가 상담 기록 정리, 수퍼비전 보고서 작성, 프로그램 기획 및 문서화 등 시간과 인지적 노력이 많이 요구되는 업무를 효과적으로 보조함으로써 업무 효율성을 높일 수 있다는 점에서 기대도 함께 나타난다. 이러한 이유로 상담사들은 AI를 새로운 전문 도구로 활용하여 자신의 역량을 확장할 수 있다는 가능성에 주목하며, 변화에 대한 기대감을 더욱 갖게 되는 것으로 보인다.

실제 2025년에 AI로 가상의 내담자 설정을 통해 모의 상담 훈련을 하거나 자신의 상담을 구체적으로 점검받는 활용을 통해 상담사로서의 효능감이 향상되는 연구들(Louie et al., 2025; Lozoya et al., 2025)이 발표되고 있다. 반면 AI 기술을 활용한 심리상담 챗봇이 정신건강 어려움이 있는 내담자의 증상 경감에 어떤 영향을 미치는지에 대한 연구들(Heinz et al., 2025; Tong et al., 2025; Wang et al., 2025)을 통해 상담사가 갖는 걱정과 기대를 반영하는 연구들이 속도감 있게 이루어지고 있는 실정이다.

연구들을 좀 더 자세히 살펴보면, 먼저 루이 등은 가상의 내담자와의 시뮬레이션 대화 및 AI 피드백을 결합한 모의 상담 훈련을 통해 예비 심리 상담사들이 반영, 공감, 개방형 질문 등 핵심 대화 기술을 향상시키고, 자신의 상담 패턴을 구체적으로 점검함으로써 상담사로서의 자기효능감과 메타인지적 성찰 능력이 증진된다고 보고하였다(Louie et al., 2025). 로조야 등은 불안, 우울과 같은 정신건강 어려움을 가진 내담자와의 상남 경험을 통한 심리치료 훈련 챗봇을 개발하여, 정신건강 전문가 양성 과정에서의 교육 도구를 제안한 바 있다(Lozoya et al., 2025).

심리상담사 훈련 보조 도구로서의 연구와 동시에 심리 상담사 역할의 챗봇 개발 연구도 왕성하게 진행되고 있다. 헤인즈 등(Heinz et al., 2025)은 자체 개발한 LLM 챗봇을 사용하여 우울증과 범불안장애, 식이 장애 위험군을 포함한 성인 210명을 대상으로 무작위 통제 임상 실험을 진행한 바 있다. 그 결과 챗봇 개입이 우울증 및 불안 증상에 유의미한 감소를 보였으며, 챗봇 사용 경험에서 높은 비율의 긍정적인 평가를 보였다. 통 등(Tong et al., 2025)은 정신건강 자기 관리를 촉진하는 챗봇을 개발하여 이용자의 자기 관리 행동, 마음 챙김, 우울 증상, 긍정 정서, 전반적 안녕감에서 즉각적으로 유의미한 개선을 보였음을 밝혔다. 왕 등(Wang et al., 2025)은 인지 재구조화(Cognitive Restructuring)가 전문적으로 설계된 챗봇으로 상담사 교육 및 보조 도구로서 인지 행동 치료 기법을 모사한 LLM 챗봇의 활용 가능성을 연구하였다.

상담계의 변화

2025년 3월 대한민국 만 18세 이상 남녀 1000명을 대상으로 진행된 전문 상담사와 AI 상담사에 대한 이용 경험 및 인식 조사(한민진, 2025)에 따르면, 향후 심리적 어려움을 겪을 경우 전문 상담사를 통한 심리상담 서비스를 이용할 의향이 있는 사람이 전체의 56%인 가운데 ChatGPT 등 AI를 통한 심리상담 서비스를 이용할 의향이 있는 사람 역시 40%에 이르렀다. 이는 LLM 시대가 열리면서 접근이 편하고 비용에서 부담이 없는 AI 챗봇을 통한 심리적 문제 해결에 도움을 받고자 하는 도구로서의 AI에 대한 접근이 가능해졌다는 의미이며, 젊은 연령을 주축으로 AI와 심리적 어려움을 나누는 것이 익숙한 방식이 될 것이라는 것을 예상해 볼 수 있게 한다.

실제 임상 현장에서 활동하는 심리상담사들은 최근 내담자들이 ChatGPT와 자신의 심리적 고민을 상의하거나 ChatGPT로부터 심리적 도움을 받은 경험을 가지고 내방하는 경우가 증가하고 있음을 체감하고 있다. 이에 따라 심리상담사들은 ChatGPT 기반 심리상담의 한계와 잠재적 위험성에 대해 적절히 안내해야 할 전문적 책임이 있음을 인식하게 된다. 동시에 AI를 심리적 보조 도구로 활용하여 인간 상담사의 작업을 보완하고 시너지를 창출할 수 있는 새로운 가능성이 열리고 있지만, 이러한 기술적 융합은 심리상담사에게 새로운 도전 과제를 제시하고 있다.

또한 수련 과정을 밟아나가는 젊은 세대가 디지털에 익숙한 세대이다 보니 그들은 자신의 상담 역량 향상 및 내담자 이해에 LLM을 도구로 보다 편안하게 받아들이고 있다. AI 활용에 개방적인 젊은 세대의 유입은 상담 수련 과정에서의 혁신을 촉구하고 있다. 이들은 학습 도구로서의 AI에 대한 수용도가 높으며, 상담 역량 개발과 수퍼비전 과정에서 인공지능을 보조적 도구로 활용하는 데 개방적인 태도를 보인다. 할멘 등(Hallmen et al., 2025)은 상담 수련생에게 AI 기반 피드백 도구를 적용한 결과, 객관적이고 실행 가능한 인사이트를 얻은 것에 대해 긍정적이었으며, 치오피 등(Cioffi et al., 2025)은 사전 훈련된 AI 모델이 상담사의 전문적 피드백을 보완하는 도구로 활용될 가능성을 제시하였다.

즉, AI 기술의 발전은 심리상담 분야에 긴장감과 기대감으로 다가오고 있으며, 상담사들의 불안을 자극하지만 한편으로는 전문성 확장의 기회를 제공한다고 볼 수 있다. 심리상담사들은 이제 새로운 변화를 받아들이고 AI의 한계와 위험성에 대한 고려와 더불어 AI의 접근성과 데이터 처리의 장점을 보완적으로 융합해 나가는 것을 고려해야 할 것이다.

심리상담 분야에서의 AI 활용 가능성

AI는 심리상담의 여러 영역에서 보조적·확장적 역할을

수행하며, 심리상담사와의 협업을 통해 전문성과 접근성을 동시에 강화하는 혁신적 수단으로 활용될 수 있다. 개인 상담에서 AI 챗봇은 자신의 심리 상태를 점검하며 자기 탐색 감정 일기를 작성하는 보조적 도구로 활용될 수 있다. 예를 들어, 상담과 상담 사이에 일상에서 경험하는 감정들을 작성함으로써 자기 성찰을 촉진하고, 이를 바탕으로 상담사는 한 주 간의 일상에서 상담에서 다루고자 하는 바를 생생하게 개입해 나갈 수 있다. 또한 심리상담 장면에서 녹음을 풀어 이를 분석한 오늘의 상담 리포트를 내담자에게 제공하여, 한 주 간 시도해 볼 실험 과제나 목표와 관련한 행동 전략들을 함께 제공함으로써 상담 회기가 끝나고도 상담이 이어지는 것과 같은 긍정적인 효과를 가져올 수 있다.

심리상담 강의 및 교육에서는 강의 내용을 좀 더 안내받을 수 있는 챗봇을 함께 제공함으로써 이론적인 내용과 더불어 실제적인 연습을 챗봇과 함께 할 수 있도록 도울 수 있으며, 상담사 역량 강화 교육에서는 교육 안에서 배운 심리상담 기술을 챗봇과 함께 연습함으로써 지속적인 기술 향상을 도모할 수 있다.

정신건강 뉴스레터 역시 챗봇으로 자동화한다면, 상담사가 전달하고자 하는 메시지를 바탕으로 초안을 작성한 것을 심리상담사가 보다 전문적으로 수정함으로써 속도감 있는 작업이 될 수 있으며, 다양한 대상과 내용으로 뉴스레터를 만들어냄으로써 확산적인 역할로 작동할 수 있다. 심리상담 연구에서도 문헌 정리 또는 데이터 분석뿐 아니라 챗봇을 실제 연구에서 활용함으로써 AI 도구가 실제 어느 정도나 정신건강에 효과를 가져오는지에 대한 연구를 통한 연구 주제의 확장이 가능해지게 되었다. AI의 활용 가능성은 심리상담 분야에서도 매우 폭넓으며, 이를 어떤 방식으로 통합하고 발전시킬지는 결국 심리상담사의 창의적 기획과 전문적 판단에 달려 있다. 시대적 변화 속에서 주어진 이 새로운 도구를 얼마나 효과적으로 사용할 수 있는가는 상담사의 역량에 의해 결정되겠지만, 그 역량을 개발하고자 하는 심리상담사 개인의 의지와 태도가 무엇보다 핵심적인 요소이지 않을까 생각한다.

참고문헌

와이즈앱(2025). "ChatGPT 국내 앱 사용차 2천만 돌파!". http://www.wiseapp.co.kr/insight/detail/554

한민진(2025.4.30). "여론 속의 여론: AI 기반 심리상담에 대한 인식조사". 《한국리서치 주간리포트》, 327-1.

Cioffi, V. et al.(2025). Can AI technologies support clinical supervision? Assessing the potential of ChatGPT. *Informatics, 12*(1), 29. http://doi.org/10.3390/informatics12010029

Hallmen, T. et al.(2025). AI-based feedback in counselling competence training of prospective teachers. arXiv. http://arxiv.org/abs/2505.03423

Heinz, M. V. et al.(2025). Randomized Trial of a Generative AI Chatbot for mental health treatment. *NEJM AI, 2*(4). https://doi.org/10.1056/AIoa2400802

Louie, R. et al.(2025). Can LLM-simulated practice and feedback upskill human counselors? A randomized study with 90+ Novice counselors. arXiv preprint. https://doi.org/10.48550/arXiv.2505.02428

Lozoya, D. C. et al.(2025). Leveraging large language models for simulated psychotherapy client interactions: Development and usability study of Client101. *JMIR Medical Education, 11*(1). https://doi.org/10.2196/68056

OpenAI(2025.11.19). ChatGPT – release notes. ChatGPT Help Center. https://help.openai.com/en/articles/6825453-chatgpt-release-notes

Tong, A. C. Y. et al.(2025). Effectiveness of topic-based chatbots on mental health self-care and mental well-being: Randomized controlled trial. *Journal of Medical Internet Research, 27*(1), e70436. https://doi.org/10.2196/70436

Wang, Y. et al.(2025). Evaluating an LLM-powered chatbot for cognitive restructuring: Insights from mental health professionals. arXiv preprint. https://doi.org/10.48550/arXiv.2501.15599

02
심리상담사가 알아야 할 AI 지식

이 장에서는 상담사가 ChatGPT와 같은 LLM의 기본 작동 방식과 프롬프트의 핵심 원리를 이해하는 데 필요한 지식을 다룬다. 명확한 지시, 맥락, 목표를 포함한 프롬프트가 모델의 응답 품질을 결정한다는 최신 문헌 기반 내용을 설명한다.
이를 통해 심리상담사가 AI를 단순한 검색 도구가 아닌 심리상담 안에서 AI를 융합하기 위한 기초 지식을 제공하고자 한다.

노래하는 AI 보컬?

ChatGPT의 작동 방식 이해하기

대형 언어 모델(LLM)의 대표 사례인 ChatGPT를 제대로 활용하기 위해서는 그 기본적인 작동 원리를 이해하는 것이 필수적이다. 이는 단순한 정보 검색 기능을 넘어, 심리상담의 보조적 도구로 ChatGPT를 융합하고자 할 때 더욱 중요해진다. 상담사와 내담자의 다양한 욕구를 충족시키는 방식은 LLM이 정보를 처리하고 응답을 생성하는 메커니즘을 이해할 때 비로소 고려된다. 즉, ChatGPT의 작동 방식을 충분히 이해할수록 상담 장면에서 어떤 심리적 요구를 충족시킬 수 있는지에 대한 보다 정교한 통찰을 얻는 것이다.

2025년 8월, OpenAI 설립 초기 단계에서 중요한 역할을 맡았던 인물인 안드레이 카파시(Andrej Karpathy)는 자신의 유튜브 채널을 통해 ChatGPT의 작동 원리를 체계적으로 설명한 바 있다. 그의 설명을 정리하면(Kapathy, 2025), LLM은 인터넷의 기사, 블로그, 전자책, 위키 문서 등 공개적으로 접근 가능한 대규모 텍스트 자료를 수집해 언어 패턴을 학습한다. 이를 베이스 모델(Base Model)이라 부르며, 이는 LLM이 통계적 언어 패턴을 습득한 상태로 문법적으로 자연스럽고 의미 있는 문장 생성을 산출해 내는 텍스트 시뮬레이터에 가깝다. 즉, 베이스 모델은 언어의 확률 패턴만을 배운 상태로 '밥을' 뒤에 '잔다'가 아니라 '먹었다'가 오는 것을 학습하는 것이라고 볼 수 있다.

다음 단계에서는 실제 인간과의 정교한 대화가 가능하도록 지도 미세 조정(Supervised Fine-tuning)이 수행된다. 이 과정에서 전문가로 고용된 인간 라벨러들이 다양한 주제와 맥락에 대한 질문-답변 예시를 수천에서 수백만 개까지 작성해 제공한다. 모델은 이 이상적 사례들을 모방하면서 사람이 도움이 된다고 판단하는 방식의 응답, 즉 더 유익하고 진실하며 안전한 답변 패턴을 내면화한다. 예를 들어, "불안할 때 숨이 가빠요"라는 질문에 라벨러는 "천천히 호흡을 고르고, 증상이 지속되면 전문가의 도움을 받아 보세요"라는 예시 샘플로 학습을 시킨다. 이와 같은 반복적 학습을 통해 모델은 인간의 대화 규범을 습득하고, 어떤 응답이 더 나은 품질을 갖추는지를 판단할 수 있게 된다.

그러함에도 모델은 여전히 완벽하지 않기에, 이후 단계에서는 모델이 생성한 여러 답변들을 사람이 평가하고, 그 평가를 학습하는 과정을 갖게 된다. ChatGPT를 이용하다 보면 '어떤 응답이 더 마음에 드시나요?'라며 응답1과 응답2 중에 선택하도록 보기를 주는 경우가 있는 데 이는 이용자가 자연스럽게 모델의 강화 학습에 도움을 주고 있는 것이다. 이러한 사람 피드백 강화 학습 단계(Reinforcement Learning from Human Feedback: RLHF)를 통해 ChatGPT가 대답할 때 사람이 좋아할 법한, 선호도를 반영한 답변을 생성하게 되며, 이러한 과정을 거쳐 베이스 모델에서 사람에게 도움이 되고, 윤리적으로 더 안전하며, 공감적인 상담 언어를 구사하는 모델이 만들어지게 된다(Ouyang et al., 2022). 또한 미세 조정 과정을 거쳐 AI는 보다 공감적이며 비판단적이고 안전한 상호작용을 나누는 윤리의 모범을 학습해 나가게 된다.

처음 베이스 모델은 텍스트를 통계적으로 학습한 언어 시뮬레이터에 불과하며 이는 윤리적 판단 기준이 없는 상태다. 그러나 라벨러의 지도된 미세 조정을 통해 윤리의 모범을 학습하게 되며, 강화 학습을 거쳐 사람 평가자가 이게 더 윤리적이라고 선택한 답변을 내면화하여, 윤리적 판단을 직접 할 수 있게 된다. 즉, 위험한 질문에 보호, 지지, 안전 점검을 중심으로 대답해야 한다는 규범을 내재화하게 되는 것이다.

상담사 성장 과정에 비유한 인공지능 학습 과정

AI의 학습 과정은 상담사의 성장 과정과 닮아 있다. 예를 들어, 상담 관련 전공의 대학원생이 수업을 통해 이론적 지식을 습득하더라도, 실제 내담자를 만나 본 경험이 부족해 '무엇을 말해야 하는지'는 알지만 '어떻게 말해야 내담자에게 닿는지'는 아직 감을 잡지 못한 상태일 수 있다. 이 시기를 베이스 모델(Base Model) 단계에 비유할 수 있다. 즉 상담 언어에는 어느 정도 익숙하지만 상담에 필요한 상호작용의 맥락과 기술은 체화되지 않은 상태다.

이후 수련생은 수퍼바이저의 시연을 관찰하면서 "이 이론을 이렇게 적용할 수 있구나", "상담에서는 이런 방식으로 대화를 하는구나"를 몸으로 익혀 나간다. 즉, 전문가의 모범 데이터를 반복적으로 접하면서 수련생은 내담자에게 하는 좋은 반영과 나쁜 반영을 구별하게 되며, 그냥 내담자와 말하는 사람에서 상담가로 듣고 반응하는 사람으로 점차 변화하게 된다. 이 단계가 지도 미세조정(Supervised Fine-tuning) 단계라고 말할 수 있다. 이후 지속적인 수퍼비전(Supervision)을 통해 자신의 개입을 점검받고 보다 적절한 반응에 대해 지도받게 되는 과정을 갖게 되는데, 이러한 반복적인 수퍼바이저의 피드백을 통해 보다 정교하게 상담 이론을 적용하게 되는 상담 전문가로 성장하게 된다.

사람 피드백 강화 학습 단계는 바로 이러한 수퍼비전

과정과 유사하다. LLM 이용자가 모델의 응답을 평가하고 더 바람직한 방향으로 강화하는 과정은, 수퍼바이저가 수련 상담사에게 보다 공감적이고 적절한 개입을 하도록 조정하는 과정과 구조적으로 닮아있다. 결국 상담사가 고품질의 지도를 통해 발전하듯, AI도 충실한 학습 데이터와 정밀한 인간 피드백을 통해 더욱 안전하고 공감적인 언어를 구사할 수 있게 되는 것이다.

프롬프트와 프롬프트 엔지니어링

프롬프트(Prompt)란 AI에게 주는 질문 또는 지시문을 의미하며, AI에게 말을 거는 방식이라고 볼 수 있다. AI는 사용자가 던지는 문장을 바탕으로만 반응하도록 미세 조정되어 있으므로, 프롬프트를 어떻게 주느냐가 곧 내가 원하는 결괏값을 산출할 수 있느냐를 결정하며, 결과의 품질을 결정한다고 볼 수 있다(OpenAI, 2025). OpenAI(2025)는 또한 명확하고 구체적인 지시(clear and specific instructions), 맥락 제시(provide context) 등과 같은 원칙을 반영할 때 좋은 프롬프트를 만들며, 이러한 프롬프트가 LLM 성능 향상의 핵심 요인임을 제시한 바 있다.

OpenAI의 GPT-4 Thechnical Report(OpenAI et al.,

2023)에 따르면, '모델의 행동은 프롬프트에 따라 결정되며, 프롬프트는 작업을 명시하는 입력문이다'라고 정의하고 있다. 즉, 프롬프트는 단순한 질문이 아니라 지시(instruction) 또는 입력 설계(input specification)를 의미하며, 따라서 프롬프트 작성에서 좀 더 정교한 고려가 필요함을 알 수 있다. 그렇다면 품질 높은 프롬프트를 만들기 위해서 반드시 프롬프트에 포함되어야 하는 지시는 어떤 것이 있을까? 여러 문헌들을 종합할 때 질 높은 대답을 얻기 위하여 반드시 포함되어야 하는 것은 역할(Role), 맥락(Context), 목표(Goal)다(Bakst, 2025; OpenAI, 2025; Saravia, 2024; Shin et al., 2025).

먼저, 모델에 역할(Role)을 부여하는 것은 대화형 상호작용에서, 맥락을 추가하는 효과를 줌으로써 대화의 맥락과 어조를 조정할 수 있다. 예를 들어 "너는 심리상담사야"라고 역할을 부여할 경우, 모델의 반응이 그 역할에 맞게 더 일관되고 전문적인 방향으로 형성될 수 있다. 둘째로, 복잡한 작업을 지시하는 프롬프트일수록, 구체적인 맥락(Context)이 포함될 때 모델이 맥락을 반영하여 더 적절한 출력을 산출할 수 있다. 프롬프트의 맥락이란 누가, 어떤 상황에서, 어떤 목적을 위해, 어떤 조건 아래 답해야 하는지를 이해하도록 돕는 배경 정보를 말한다. 마지막으로 명확한 목표(Goal) 지시는 모델의 응답 품질 향상에 실질적 영향을 미친다. 프롬프트에 역할부여, 맥락, 목표를 추가한 구체적인 프롬프트는 다음과 같다. "너는 대학 상담센터의 심리상담사야. 최근에 내담자는 진로 불안과 가족 갈등으로 스트레스를 호소하고 있어. 첫 회기의 목표는 내담자와 상담 동기를 높임으로써 상담에 지속해서 올 수 있도록 하는 거야. 이를 위해 첫 회기에 꼭 다뤄야 하는 내용을 시나리오로 예시를 들어 줘." 이렇게 프롬프트가 구체적일수록 모델은 이 맥락을 반영한 결괏값을 더욱 전문적으로 산출할 수 있게 되는 것이다. 이러한 챗봇 제작 템플릿과 관련해서는 모두의 AI(Modu-ai)에서 공개한 smarter-prompt를 좀 더 참고할 수 있다(Modu-ai, 2025).

프롬프트 엔지니어링(Prompt Engineering)은 AI가 최상의 응답을 하도록 프롬프트를 설계 조정하는 기술로 AI에게 무엇을, 어떤 톤으로, 어떤 형식으로 답해야 하는지를 구체적으로 안내하는 과정을 말한다(OpenAI, 2025). LLM이 사용자가 원하는 방향으로, 신뢰할 수 있고 일관되게 결괏값을 산출할 수 있도록 유도하는 설계 행위를 말하며(OpenAI, 2025), 챗봇을 만드는 모든 과정이 프롬프트 엔지니어링이라고 볼 수 있을 것이다.

참고문헌

Bakst, W.(2025.7.1). 11 prompt engineering best practices every modern dev needs. Mirascope Blog. https://mirascope.com/blog/prompt-engineering-best-practices

Karpathy, A.(2025.2.5). Deep Dive into LLMs like ChatGPT. YouTube. https://youtu.be/7xTGNNLPyMI?si=Bbf5QWU6MnR83RhN

Modu-ai(2025). Smarter-Prompt. GitHub. https://github.com/modu-ai/smarter-prompt

OpenAI, et al.(2023). GPT-4 technical report [arXiv preprint]. https://doi.org/10.48550/arXiv.2303.08774

OpenAI(2025). Best practices for prompt engineering with the OpenAI API. OpenAI Help Center. https://help.openai.com/en/articles/6654000-best-practices-for-prompt-engineering-with-the-openai-api

Ouyang, L., et al.(2022). Training language models to follow instructions with human feedback. [arXiv preprint]. https://arxiv.org/abs/2203.02155

Saravia, E.(2024.4.12). General tips for designing prompts. YouTube. https://www.youtube.com/watch?v=7M6CSCIMJ3k

Shin, J. et al.(2025). Prompt engineering or fine-tuning: An empirical assessment of LLMs for code (Version 2). arXiv. https://doi.org/10.48550/arXiv.2310.10508

03
심리상담 챗봇 제작을 위한 프롬프팅 가이드

심리상담을 보조하는 AI 챗봇을 효과적으로 제작하기 위해서는, 단순 질문 입력이 아니라 역할 · 맥락 · 목표 등을 구조적으로 설계하는 프롬프트 엔지니어링이 필수적이다. 이 장에서는 ChatGPT의 GPTs 기능을 활용해 상담 목적에 맞는 맞춤형 챗봇을 제작하는 기본 절차와 핵심 설계 요소를 정리한다.

인공지능과 편향?

프롬프팅 가이드

프롬프팅(Prompting)은 AI에게 어떤 것을, 어떤 태도로, 어떤 방식으로 대답할 수 있도록 사람이 설계하는 언어적 지침이다. 심리상담사가 내담자와 대화를 나눌 때 상담 기술을 적용하여 대화를 나누듯이 AI에게도 어떤 이론을 담아, 기술을 적용하여 대화를 나눠주도록 지침을 설계할 수 있다.

대표적인 LLM인 챗GPT(ChatGPT), 클로드(Calude), 제미나이(Gemini)의 프롬프트 가이드에서 일관되게 강조하는 핵심은 "프롬프트의 품질이 결과의 품질을 좌우한다"는 것으로 프롬프트를 정교하게 만들수록 모델의 응답은 정확하고 유용해진다고 언급한다. 즉, 명확하고 구체적인 프롬프트가 가장 좋은 결과를 낸다는 것이다(Anthropic, 2025; Google DeepMind, 2025; OpenAI, 2025a). 좋은 프롬프트가 곧 좋은 결과를 만든다(Good prompts make better results)는 원칙을 잘 유념한다면, "ChatGPT가 왜 정확하지 않은 답변을 했지? 왜 내가 원하는 방향으로 답변을 주지 않지?"와 같은 불만이 사실은 LLM의 작동 방식을 충분히 이해하지 못하고, 필요한 지시를 포함한 프롬프트를 제공하지 않아 발생한 문제라는 점을 이해할 수 있게 된다.

LLM을 대표하는 OpenAI, Anthropic, Google DeepMind에서 내놓은 프롬프트 가이드를 정리하여 가장 핵심적인 좋은 프롬프트를 정리해 보자면, 먼저 명확하고 구체적으로 요청해야 한다. AI는 타고난 눈치와 사회적 센스를 갖지 못했다. 따라서 사용자가 무엇을 원하는지를 반영하여 무엇을 해야 하고 어떻게 해야 하는지를 구체적으로 써 주는 것이 가장 중요하다. 모호한 표현보다는 구체적인 지시를 함으로써 무엇을 해야 하는지 명확하게 얘기하는 것이 핵심이다.

둘째는 역할과 상황, 목표를 함께 알려주는 것이다. AI가 사용자가 의도하는 바를 이해하도록 돕기 위해서는 결과물의 맥락을 함께 알려주는 것이 좋다. 예를 들어 "너는 상담심리 전공 대학원생의 연구 보조자다"(역할 부여 Role), "연구 주제는 '청소년의 감정 조절과 상담 개입 효과'이며, 선행 연구를 정리하는 중이다"(상황 Context), "관련 논문을 초록 위주로 요약하고, APA 7판 형식으로 참고문헌을 정리해"(목표 Goal) 이렇게 역할, 상황, 목표가 함께 들어가게 되면, AI는 단순히 논문을 찾는 수준을 넘어서 연구 목적에 맞는 정리된 결과물을 내놓을 수 있다.

셋째는 복잡한 요청은 단계별로 순차적으로(step-by

표 3-1. 예시로 이해하기

구분	프롬프트 예시	AI의 반응
모호한 프롬프트	"심리상담 관련 논문을 찾아 줘."	일반 정보 수준의 답변
좋은 프롬프트	"최근 3년 이내(2022~2025)에 발표된, 청소년의 정서 조절과 상담 개입을 다룬 학술 논문을 찾아 줘. APA 7판 형식으로 참고문헌을 정리하고, 각 논문의 초록을 요약해 줘."	사용자가 원하는 수준의 학술적 정보를 정돈된 형태로 제공

-step)로 제시하는 것이다. AI에게는 한 번에 여러 작업을 동시에 지시하면 정확도가 매우 떨어진다. 따라서 단계별로 순서를 제시하면 훨씬 안정적이다. 예를 들어 1) 최근 3년 이내 청소년의 정서 조절과 상담 개입 관련 논문을 5편 찾는다. 2) 각 논문의 주요 변인을 정리한다. 3) 연구 방법과 결과를 비교하여 공통점을 정리한다. 4) APA 7판 형식으로 참고문헌 리스트를 작성한다. 이렇게 단계별로 나누어 제시하면, AI는 생각의 흐름을 따라 체계적으로 문헌을 요약하고 사용자가 원하는 바를 반영하여 좀 더 적절한 결과물을 내놓을 수 있다.

넷째는 예시와 형식을 미리 보여 주는 것이다. AI는 패턴을 잘 모방한다. 따라서 원하는 답변의 예시를 함께 제시하거나 형식을 지정해 주는 것이 매우 효과적이다. 예를 들어 "아래 예시처럼 대답해 줘", "응답은 1) 주요 변인 정리 2) 초록 요약 3) APA 형식으로 문헌 정리 순으로 정리해 줘", "2000자 이내의 논리적인 말투로 정리해 줘." 이렇게 예시와 형식을 함께 제시하면 AI는 예시와 형식을 모방하여 사용자가 원하는 바를 보다 잘 산출해 낼 수 있게 된다. 프롬프트에는 항상 1~2가지의 예시를 포함하는 것이 좋은데, 모델에게 응답 형식의 예시를 보여줌으로써 사용자가 원하는 형식으로 너 정확한 결과를 생성할 수 있다.

마지막으로, 한 번의 시도로 내가 원하는 결괏값을 일관되게 산출하기 어려울 수 있다. 따라서 출력 결과를 평가하고 프롬프트를 수정하고, 재실행하여 프롬프트를 개선하는 과정이 중요하다.

챗봇 제작을 위한 프롬프트 설계

AI 챗봇을 상담 장면이나 연구 보조 도구로 활용하기 위해서는 좋은 프롬프트를 쓰는 수준을 넘어 그 프롬프트를 구조적으로 설계하여 맞춤식 챗봇을 제작해야 한다. ChatGPT에서 제공하는 나만의 맞춤식 챗봇 제작 기능인 GPTs(Custom GPT)는 "사용자가 미리 설계된 프롬프트를 내장한 나만의 챗봇을 제작하는 기능이다(OpenAI, 2025b).

OpenAI는 상담사나 연구자가 자신만의 맞춤형 GPT를 설계할 수 있도록 지침(instructions), 지식(knowledge), 기능(capabilities)을 결합해 챗봇을 만드는 방법을 안내하고 있다(OpenAI, 2025b). AI에게 "무엇을, 어떤 방식으로" 수행할지를 명확하고 단계적으로 알려주는 좋은 지시문은 신뢰성과 정확성이 높은 좋은 챗봇을 만든다.

지침(instructions)은 AI가 어떤 태도와 방식으로 작동해야 하는지를 알려주는 설계 문장으로, 하나의 문장 안에 여러 행동을 넣기보다는 단계별로 구체적으로 작성하는 것이 효과적이다.

지식(knowledge)은 상담사가 직접 업로드한 문서(예: 상담 매뉴얼, 검사 해석 가이드, 윤리 규정 등)를 챗봇이 참고하도록 하는 영역이다. 단순히 "자료를 참고하라"보다는 "업로드한 파일을 검토하고, 문서 내용을 참고하여 결과물을 작성해 줘"와 같이 구체적인 지시가 바람직하다.

마지막으로 기능(capabilities)은 챗봇이 실제로 수행할 수 있는 작업(예: 문헌 검색, 요약, 분석 등)을 정의하는 부분으로, 링크나 파일을 연결하거나 외부 도구를 호출하여 정보를 어떻게 활용하고 실행할지를 지정한다. 예를 들어 "링크를 참고해 청소년에게 적절한 상담일지를 만들어 줘"라는 형태가 이에 해당한다. 이 세 가지가 유기적으로 설계될 때, 사용자가 원하는 결과물을 일관성 있게 내놓는 신뢰도와 정확도가 높은 좋은 챗봇을 제작할 수 있게 된다.

챗봇 제작 절차

ChatGPT 안에서 나만의 맞춤형 챗봇인 GPTs(Custom GPT)를 만들기 위해서는 다음의 절차를 따른다(OpenAI, 2025b).

먼저 ChatGPT 홈 화면에서 Explore GPTs 또는 Create a GPT 버튼을 클릭하거나, 브라우저에서 바로 https://chatgpt.com/gpts/editor로 접속하면 GPT 제작 화면으로 이동할 수 있다. 이때 상단에는 Create 탭과 Configure 탭이 보이는데, Create 탭에서는 GPT Builder와 대화하면서 "안정화 기술을 안내해 주는 챗봇을 만들어 줘"와 같이 자연어로 챗봇의 목적과 성격을 설명하여 1차 초안을 만들 수 있다. 이후 Configure 탭에서 챗봇의 이름, 아이콘 이미지, 간단한 설명을 작성한다. 또한 이 탭에서 GPT의 Instructions(지침)을 작성하고, 자주 사용할 Prompt starters(대화 시작 문구)를 추가하며, 필요하다면 PDF 등 파일을 업로드하여 GPT가 참고할 지식을 제공할 수 있다.

지침을 설계할 때는 프롬프트 엔지니어링의 기본 원칙을 반영하여, 다음 요소들을 구조적으로 포함하는 것이 중요하다. 지침에 반드시 들어가야 하는 것은 AI에게 역할 부여(Role), 챗봇 생성에 대한 맥락과 상황(Context), 챗봇의 목표(Gole)다. 그리고 지시 사항은 복잡한 작업은 순서를 나누어 단계별로 안내(Provide step-by-step instructions)한다. 이때 결과물에 대한 예시(Examples)를 1~2가지 추가로 넣어준다면 보다 사용자가 원하는 결과물에 더 가깝게 생성이 될 수 있다.

만약 산출해야 하는 결과물의 형식을 참고해야 경우나, 사용자의 데이터 안에서 결과물을 산출하는 것이 필요한 경우에는 참고자료를 업로드하여 챗봇의 맥락 학습을 돕는다. 이때 참고자료는 PDF 파일이 적합하다. 이 과정을 거치면 상담사나 연구자도 자신만의 목적에 맞는 AI 도우미를 구축할 수 있게 되며, 이후 필요에 따라 오류 점검과 수정 작업을 반복하면서 챗봇의 품질을 점진적으로 향상시켜 나갈 수 있다. 이와 같은 과정을 통해 심리상담사도 자연어만으로 나만의 맞춤형 챗봇을 쉽게

표 3-2. 프롬프트 설계

챗봇 제작을 위한 프롬프트 요소
역할 부여 (Role)
맥락과 상황 (Context)
목표 (Goal)
단계별 지시 (step-by-step intstruction)
출력 형식 명시 (output format)
예시 (Example)
데이터 (Uploading Files)

출처: Learn Prompt, 2025; Mico, A., 2025; OpenAI, 2025b.

생성할 수 있다.

챗봇 기반 자동화 시스템은 상담 실무와 연구 전반에서 다양한 방식으로 응용될 수 있다. 프롬프트 엔지니어링은 더 이상 심리상담사에게 낯선 기술이 아니라, AI 시대의 전문성을 구축하기 위해 필수적으로 요구되는 역량으로 자리 잡게 될 것이다. 시대의 흐름을 고려할 때, 상담사 역시 자신이 필요로 하는 상담 보조 챗봇 작업을 하나씩 직접 시도하고 구현해 보는 경험이 장기적으로 큰 실천적 통찰을 제공할 것이라 기대한다.

참고문헌

Anthropic(2025). Claude 4 Prompting Best Practices. https://platform.claude.com/docs/en/build-with-claude/prompt-engineering/claude-4-best-practices

Google DeepMind(2025.11.18). Promp design strategies. https://ai.google.dev/gemini-api/docs/prompting-strategies

Learn Prompt(2025). Basic prompt structure and key parts. https://learnprompting.org/docs/basics/prompt_structure

Mico, A.(2025.4.5). My guide to building effective custom GPTs. https://medium.com/design-bootcamp/guide-to-building-effective-custom-gpts-cf8d464ffbc1

OpenAI(2025a). Key guidelines for writing instructions for custom GPTs. OpenAI Help Center. https://help.openai.com/en/articles/9358033-key-guidelines-for-writing-instructions-for-custom-gpts

OpenAI(2025b). Creating a GPT. OpenAI Help Center. https://help.openai.com/en/articles/8554397-creating-a-gpt

04

심리상담사 역량 향상을 위한 AI 활용

심리상담사의 역량 강화 및 업무 보조를 위하여 고급 LLM 기술인 RAG와 심층 리서치를 잘 활용할 필요가 있다. 이번 장에서는 두 기술에 대한 전반적인 이해를 돕고, 실제적인 예시 활용을 안내함으로써 보다 풍부하게 LLM을 활용할 수 있도록 돕고자 한다.

청각장애인과 AI?

검색 보강 생성(RAG)

AI를 활용할 때 가장 자주 부딪히는 의문은 "AI가 생성한 내용을 신뢰할 수 있는가?"일 것이다. ChatGPT로 대표되는 대형 언어 모델(LLM)은 상당한 퀄리티로 유창하고 수려한 문체를 자랑하지만, 그 대답이 실제 학문적 근거에 기반한 것인지, 혹은 그럴듯하게 문장을 만들어 낸 것인지, 구별하기가 어렵기도 하다. AI를 활용하다 보면 오히려 생성한 말이 진짜인지 아닌지를 판별하는 데 시간을 더 많이 소요하게 되거나 가짜 문헌으로 생성된 글을 공식 문서에 실었다가 비난을 받게 되지 않을까 하는 우려로 조심스러운 마음이 드는 게 사실이다.

이러한 문제를 해결하기 위해 알아야 하는 기술은 검색 보강 생성인 RAG(Retrieval-Augmented-Generation) 기능이다. RAG에 대해서 이해한다면, 상담사의 역량 강화를 위한 다양한 나만의 인공지능 심층 지식 사전을 만들 수 있으며, 이를 활용하여 상담에서 활용하는 다양한 활동지 및 안내 및 보조 문서를 빠르고 간단하면서도 유용하게 생성해 낼 수 있다.

RAG는 검색 보강 생성 기술을 의미하며, LLM이 단순히 모델이 학습한 내부 데이터에만 의존하지 않고, 외부 문서나 사용자가 보강한 데이터베이스에서 관련 정보를 검색하여 답변을 생성하는 방식을 의미한다. OpenAI는 RAG를 "LLM이 특정 주제에 대해 정확하고 최신 정보를 제공하도록 외부 지식을 활용하는 방법"이라고 정의한다(OpenAI, 2025c).

우리가 ChatGPT와 같은 LLM 도구를 사용할 때 반드시 RAG를 고려할 수 있어야 하는 이유는, LLM은 최신 연구나 정책을 반영하기 어렵고, 특정 전문 영역에 대한 데이터는 제한적이기 때문이다. 따라서 이러한 이유로 인해 LLM 모델은 때때로 사용자의 질문에 대해 "환각(Hallucination)" 현상인 사실처럼 보이는 잘못된 답변을 생성하게 된다. LLM 모델은 보통 사용자에게 모른다는 응답대신 학습된 데이터 안에서 어떻게든 답변을 생성하도록 미세 조정되어 있다. 따라서 학습되어 있지 않은 내용에 대해 사용자가 물어봤을 때 "그 내용은 학습하지 못했습니다. 제가 잘 모르는 내용입니다"라고 대답하기 어렵다. 그 대신 최대한 그럴싸한 대답을 생성하여 내놓게 된다. RAG는 이러한 문제를 해결하기 위하여 AI가 외부 자료를 검색해 근거를 바탕으로 응답을 생성하도록 돕는 기술로 안전하고 정확한 답변을 생성해 낼 수 있는 기술이다.

RAG는 Retrieval Augmentation Generation의 약자로

AI가 사용자의 데이터베이스에서 문서를 검색하여 검색된 문서의 핵심 내용을 사용자의 프롬프트에 추가하고, 모델이 최종적으로 검색 내용과 기존 지식을 결합해 최종 답변을 생성하는 것을 의미한다(OpenAI, 2025c). 즉, 이 과정을 통해 근거 기반의 응답을 하게 된다.

OpenAI는 나만의 GPT(Custom GPT) 제작 기능에서 RAG를 지원하고 있다. 사용자는 나만의 GPT 제작 시, 전문적인 문서 파일을 업로드하여 GPT가 그 자료를 지식 베이스로 사용할 수 있도록 챗봇을 제작할 수 있으며, 이 챗봇을 사용할 때, 사용자의 질문에 해당 문서에서 가장 관련성이 높은 내용을 검색하고 정리하여 답변을 생성하게 된다(OpenAI, 2025c). GPTs 활용에서 RAG 사용을 안내한 OpenAI 공식 문서에서는 RAG에 대해 "업로드된 파일을 기반으로 검색을 수행하여, 특정 분야에 특화된 최신 응답을 제공한다"라고 설명한다.

심리상담사의 역량 향상을 돕는 RAG의 활용

RAG는 다양한 영역에서 응용될 수 있다. 먼저, 외부 문서를 검색해 사실 기반 답변을 생성하는 질문 응답 시스템이 RAG의 대표적인 응용이라 볼 수 있다. 또한 긴 문서들을 검색 · 통합하여 논문 리뷰나 회의록 요약 등 핵심 요지를 압축하여 요약하는 데에도 활용될 수 있다. 그리고 지식 기반 생성이 필요한 다양한 영역에서 활용될 수 있다(Gupta et al., 2024).

심리상담사가 하나의 이론을 바탕으로 내담자와의 가상의 상담을 진행하며, 이론에 적절하게 대화하고 있는지 점검받고 싶다면, RAG를 활용하면 전문적인 지도 감독을 보조받을 수 있다.

예를 들면, 심리 도식 치료(Schema Therapy)의 체험적 방략에서 심상 기술을 잘 연습하여 실선에서 내담자를 더 잘 만나고 싶은 욕구가 있다고 해 보자. 그렇다면 먼저, 심리상담사는 심리 도식 치료에서 내가 공부하고 싶은 내용을 정리하여, PDF 파일로 이 문서를 변환할 수 있고, RAG를 활용한 나만의 심층 인공지능 챗봇을 만들 수 있다. GPT를 제작할 때, 이 PDF 파일을 업로드한 챗봇을 생성한 뒤, 프롬프트로 이렇게 지시 내린다. "너는 내가 심리 도식 치료의 심상 기술을 잘 사용할 수 있게 지도 감독해 주는 심리 도식 치료의 전문가야. 먼저, 대인관계의 상처로 어려움이 있는 가상의 20대 남성 내담자를 만들어 줘. 그리고 심상 기술을 연습할 수 있도록 상담 상황을 생성해 줘. 그리고 내가 상담사가 되어 심상 기술을 활용할 때 너는 지도 감독을 해 줘. 이때 피드백은 친

절하고 따뜻하며 심리 도식 치료에 정통한 전문적인 용어를 사용해 주고, 피드백은 평가와 대체 반응을 예시를 들어 줘"라는 지시문을 넣는다면, 심리상담사는 내가 편안한 시간에 누군가를 의식할 필요 없이, 추가적인 비용이 들지 않는 나만의 학습 시간을 가질 수 있게 된다.

이때 안전한 사용을 위해, RAG를 사용할 때, 업로드된 파일에는 민감한 정보나 저작권이 있는 데이터가 포함될 수 있으므로, 데이터 프라이버시 관련 고려가 필수적이다. 또한 아르자니푸어 등(Arzanipour et al., 2025)은 RAG 시스템이 외부 지식 베이스를 사용할 때 생길 수 있는 프라이버시 및 보안 위협을 체계적으로 분석하여 명확히 정리하였다. 유사한 의미로 검색되는 의미 기반 검색으로 인해 민감 정보가 우연히 노출될 수 있으며, 저작권 자료의 유출 등의 위험이 존재한다고 밝히고 있다. 따라서 RAG 기반 시스템은 보안 모델링, 데이터 검증, 민감 정보 제거 절차가 필수적이라고 제언한다.

따라서 저작권이 있는 자료를 업로드하는 것에 주의가 필요하며, RAG 사용시, 비공개로 챗봇을 만들어서 개인적 학습 목적으로 '나만이' 사용하며, 다른 사람과 공유하지 않는 것에 유념해야 할 것이다. 또한 이 과정은 각 전문 이론의 수퍼바이저의 개인 수퍼비전과 함께 활용하여야 보다 전문적인 성장을 얻을 수 있을 것이다.

즉, RAG 기반 챗봇은 상담사의 역량을 강화하는 도구로 사용될 수 있으나, 내담자를 대체하거나 인간 수퍼바이저를 대체할 수는 없다. 따라서 단독으로 사용하는 것이 아니라 수퍼비전이나 전문가 검토를 병행해야 하는 보조 도구라는 것을 기억해야 한다(APA, 2024).

심층 리서치

심층 리서치(Deep Research)는 단순한 정보 검색이 아니라, AI가 여러 연구를 비교 · 요약 · 통합 · 분석하는 고급 기술이다. 이 기술은 심리상담사가 논문을 리뷰하거나 강의 등에서 전문 자료를 만들거나 근거 기반의 자료를 정리하고자 할 때 매우 유용하다.

OpenAI(2025a)는 "심층 리서치를 통해 모델이 인용된 여러 출처의 자료를 종합하고, 자료들 간의 논리적 추론을 수행할 수 있도록 한다"라고 설명하고 있다. 또한 AI 매거진(2025)에서는 지식을 종합하는 능력은 새로운 지식을 창출하기 위한 전제 조건이며, 심층 리서치는 AI가 '지식 창출형 추론'으로 진화하는 중요한 단계임을 의미한다고 하였다.

즉 심층 리서치는 AI가 단일 자료에 의존하지 않고 다양한 출처에서 얻은 지식을 종합하여 더 깊은 분석과 추론을 수행하도록 돕는 기능이라고 볼 수 있다. 예를 들어, 특정 변인에 대한 최신 연구들을 찾아 체계적으로 정리해줌으로써 여러 연구들의 흐름 안에서 심리상담사에게 실제적인 통찰을 제공함으로써 심층적 이해를 돕는다.

심층 리서치의 실제 활용

검색 모드에서 심층 리서치로 바꾸어 관심 있는 변인에 대해 다음과 같이 지시를 내려 보자. "심리 도식 치료(Schema Therapy)의 효과에 관한 최신 연구를 비교 요약해 줘." 딥 리서치는 심리 도식 치료 관련 주요 연구의 목적, 방법, 결과를 정리해 주고 각 연구에서 반복적으로 보이는 핵심 패턴을 추출하여 이를 활용한 새로운 통찰을 제시해 줄 것이다. 또는 "복합 트라우마 청소년에 대한 심리상담 연구를 정리해 줘"의 경우에는 다양한 학회지의 논문을 요약하여 공통적으로 유효하다고 보고된 심리상담 이론과 이 이론의 적용점에 대해 개념화하여 정리해 줄 것이다. 만약 사용자가 집단 상담 매뉴얼을 개발하고 싶다면, "청소년 중학생 사회 기술 집단 상담의 효과 크기를 메타 분석 연구 중심으로 정리해 줘"라고 지시를 내릴 수 있고, 심층 리서치 기능은 국내외 메타 분석 논문을 통합 분석하여 효과 크기, 표본 특성 등을 정리해 줄 것이며, 이를 바탕으로 사용자가 프로그램 매뉴얼의 목표와 세부 활동을 근거 기반으로 설계할 수 있을 것이다.

심층 리서치는 굉장히 강력한 기술이지만, 상담 심리학 분야에서 적용할 때 학문적 윤리 기준을 반드시 함께 고려해야 한다. 먼저 AI가 제시하는 인용문이나 DOI는 실제 논문과 일치하지 않을 수 있다. 반드시 실제 논문과 일치하는 내용인지에 대한 추가 검토가 필요하다. 따라서 추가 검토가 이루어지지 않은 생성 결과물을 그대로 공식 자료로 활용하지 않도록 주의해야 한다. 또한 딥 리서치의 내용을 그대로 사용할 경우, 반드시 ChatGPT의 생성물임을 밝혀야 한다(Nature Editorial, 2025; OpenAI, 2025b).

참고문헌

AI Magazine(2025.2.4). Deep research: Inside OpenAI's new analysis tool. https://aimagazine.com/ai-applications/deep-research-inside-openais-new-analysis-tool

APA(American Psychological Association)(2024). Artificial

Intelligence and the Field of Psychology.
https://www.apa.org/about/policy/artificial-intelligence-psychology
Arzanipour, A. et al.(2025). RAG security and privacy: Formalizing the threat model and attack surface. arXiv. https://arxiv.org/abs/2509.20324
Gupta, S. et al.(2024). A comprehensive survey of retrieval-augmented generation (RAG). arXiv preprint arXiv:2410.12837.
https://doi.org/10.48550/arXiv.2410.12837
Nature Editorial(2025.2.6). OpenAI's 'Deep Research' tool: Is it useful for scientists?. Nature.
https://www.nature.com/articles/d41586-025-00377-9
OpenAI(2025a). Deep research FAQ. OpenAI Help Center.
https://help.openai.com/en/articles/10500283-deep-research-faq
OpenAI(2025b). Deep research system card.
https://cdn.openai.com/deep-research-system-card.pdf
OpenAI(2025c). Retrieval Augmented Generation (RAG) and semantic search for GPTs. OpenAI Help Center.
https://help.openai.com/en/articles/8868588-retrieval-augmented-generation-rag-and-semantic-search-for-gpts

05
개인 심리상담을 보조하기 위한 챗봇 제작

심리상담 영역에서 AI 활용이 점차 확대되는 현재, 개인정보 보호는 상담사가 반드시 지켜야 하는 윤리다. 이를 지켜내면서도 상담사가 내담자의 발화와 정서적 의미를 빠르게 이해하고 깊은 통찰을 돕는 도구를 제작할 수 있을까? 이번 장에서는 실제 임상에서 활용하는 긍정 심리 치료 치료자 매뉴얼을 기반으로 심리상담 보조 AI 챗봇을 제작하는 과정을 담았다.

AI 콘텐츠 크리에이터?

프로그램 매뉴얼을 기반으로 한 챗봇 제작

AI 챗봇을 활용하는 것은 심리상담 업계에서 아직은 낯설고 조심스러운 상황이다. 심리상담사들이 가장 우려하는 것은 "개인정보 보호"와 관련된 부분으로 2025년 5월 발표된 한국심리상담학회의 심리상담에서의 AI 활용에 대한 윤리적 권고문에 의하면, 첫 번째로 내담자의 정보 보호와 관련된 내용이 언급되어 있다.

내담자의 정보 보호와 관련하여, '내담자의 면접 기록과 녹음 파일에 대한 기록(축어록) 등 상담 과정 중의 기록은 내담자의 민감한 개인정보를 담고 있으며, 이는 내담자를 위해 보존되고, 상담사는 상담 기록의 안전과 비밀 보호에 책임을 져야 한다. AI는 입력된 데이터를 학습에 활용할 수 있으며, 내담자의 정보가 영구적으로 저장되고 잠재적으로 유출될 위험이 있다. 따라서 상담사는 축어록, 녹음 파일 등은 가능한 AI에 입력하지 않아야 한다'라는 내용이다. 그렇다면, 내담자의 개인정보 보호를 최대한 지켜내면서, 내담자의 보고와 심리상담 이론을 통합적으로 융합하여 자신만의 맞춤식 통찰 도구로서의 기능을 잘 도울 수 있도록 돕기 위하여 심리상담사들은 자신이 잘 알고 있고, 잘 활용하고자 하는 심리상담의 이론, 그 매뉴얼을 활용하는 것이 하나의 방법으로 고려해 볼 수 있을 것이다.

저자는 2025년 한국상담심리학회 가을 학술대회에서 “긍정 심리 치료 치료자 매뉴얼을 기반으로 AI 챗봇 제작”이라는 주제로 강의를 한 바 있다. 이 강의에서 소개한 긍정 심리 치료 기반 챗봇들은 2025년 한 해 동안 개인 상담 안에서 아동 · 청소년 · 성인들과 잘 활용하고 있었기에 챗봇의 치료적, 상담적 효과를 안내하고 싶었다.

마틴 셀리그만의 긍정 심리 치료(Positive Psychotherapy)는 강점 키우기 모델로서, 궁극적 목적은 내담자가 즐겁고 의미 있고 행복한 삶을 추구하기 위해 강점을 최대한 활용하는, 구체적이고 응용 가능하며 개인적으로 적절한 기술을 배우도록 돕는 것이다(Seligman & Rashid, 2018). 긍정 심리 개입의 구체적인 실습 15회기를 담은 긍정 심리 치료 치료자 매뉴얼은 실습 과정을 구체적으로 담고 있으며, 그중에서 외상 후 성장(PTG: Post-Traumatic Growth)을 주제로 다룬 회기를 챗봇으로 어떻게 제작하는지에 대해 안내하고자 한다.

외상 후 성장 내러티브 작업을 돕는 챗봇 제작

외상 후 성장 회기에서는 내담자를 계속 괴롭히는 트라우마 경험에 관한 깊은 감정과 생각을 들여다보라고 안내한다. 이 회기의 중점적 긍정 심리 치료 실습은 표현적 글쓰기다. 2025년 메타 연구에 의하면, 가장 효과적인 복합 트라우마 치료는 정서 · 대인 관계 조절과 내러티브 작업의 병합이었으며(Ahn et al., 2025), 내러티브 작업을 보조할 챗봇을 제작하는 것은 개인 심리상담 작업에서 효과적으로 활용될 것으로 생각했다.

챗봇을 통해 사용자는 "당신의 트라우마 경험에 관한 가장 깊은 생각과 느낌을 찾아 자세하게 적어 주세요"라는 질문을 받게 되며, 대답에 대해 좀 더 구체적으로 느끼는 감정, 떠오르는 이미지, 말 등을 작성하도록 독려된 뒤에 두 번째 질문인 "지금 현재 당신의 생활에 대해 얘기해 주세요"라는 질문을 받도록 제작하려 한다. 그리고 두 가지 질문에 대해 대답한 뒤에 긍정 심리 치료적으로 지지적이며 현재의 성장에 주목하는 외상 후 성장 보고서를 정리해서 안내할 수 있도록 제작해 보고자 한다. LLM은 주어진 데이터를 바탕으로 주어진 지침에 맞는 통합적인 결과물을 생성하는 데 최적의 능력을 발휘하며, 이를 최대한 활용할 수 있는 챗봇이 될 것으로 기대되었다.

챗봇 제작을 위해 GPTs 제작 화면으로 들어간다(https://chatgpt.com/gpts/editor).

제작 화면에서 지침에 다음과 같이 순차적으로 작성하며 목표, 역할 부여, 지침, 출력 형식 앞에는 마크다운(Markdown: #)을 표시하여 LLM이 보다 지침 수행을 용이하게 하도록 한다. 마크다운 형식은 단순히 템플릿을 보기 좋게 하는 것뿐 아니라, LLM에게 구조적 신호를 제공하여 지시 수행률을 높이는 데 기여할 수 있다(Chen et al., 2025).

먼저 챗봇의 #목표는 "어려움을 극복하고 이겨 낸 과정을 적으면, 외상 후 성장 개념을 설명하며 극복해 낸 자원을 강조하고 긍정적 강점 속성을 찾아서 설명해 주는 것이다", #역할은 "너는 긍정 심리 치료 전문가다.", #단계별 지시는 "다음의 질문을 순차적으로 질문한다. 질문하고 답변을 할 때 단순 반영과 복합 반영, 개방형 질문, 지지하기를 통해 공감적인 탐색을 이어나간다. 1. 당신의 트라우마 경험에 관한 가장 깊은 생각과 느낌을 찾아 자세하게 적어 주세요. 2. 지금 현재 당신의 생활에 대해 경제적 상황, 하는 일, 인간관계, 성취 경험 등에 대해 조금 더 얘기해 주세요. 이 두 가지 내용에 대한 답변을 바탕으로 외상 후 성장 보고서를 작성해서 사용자에게 안내한다." #출력 형식은 "제목은 외상 후 성장 보고서이며, 1. 트라우마 경험이 현재 당신에게 주는 의미,

트라우마 경험으로 얻은 치유와 성장, 트라우마 경험을 통해 강화된 당신의 강점, 당신에게 드리는 축복의 메시지, 당신에게 드리는 축복의 그림"으로 작성하였다.

이렇게 작성한 뒤에 오른쪽 미리 보기 화면에서 내가 기대한 대로 챗봇이 잘 작동하는지 확인하도록 하며, 만약 기대하는 대로 챗봇이 지시를 따르지 못한다면, ChatGPT에 원하는 바와 수정된 프롬프트를 부탁한다고 대화를 나누면서 프롬프트를 수정하고, 결과물을 확인하는 과정을 반복하도록 한다. 호와 팬(Ho & Fan, 2025)에 따르면, 모델이 스스로 자신의 출력을 평가하고(reflect) 다시 개선(refine) 할 수 있도록 유도하는 구조화된 단계를 거칠 때 정직성과 유용성 지표에서 유의미한 향상을 보였다고 밝혔다. 이렇게 AI 스스로가 프롬프트 개선을 하도록 하는 과정까지 포함한 이 모든 과정이 프롬프트 엔지니어링이라고 할 수 있다. 프롬프트 엔지니어링은 이처럼 "모델이 사용자의 요구사항을 일관되게 만족하도록 효과적으로 지시문을 작성하는 과정이며, 프롬프트 작성 후 결과를 보고 반복해서 수정하는 것이 효과적"이라고 말하고 있다(OpenAI, 2025a; OpenAI, 2025b).

챗봇의 적용

외상 후 성장 챗봇은 단독으로 사용되지는 않는다. 트라우마 장면을 재연하는 것은 상당히 고통감을 주는 작업일 수 있다. 자칫 상담사의 감독하에 진행되지 않고 독립적으로 내담자가 사용할 경우 내담자는 트라우마 상황을 떠올리고 깊은 상처를 작성하는 것만으로도 동일한 고통감을 신경 생리학적으로 경험하고, 과각성 또는 저각성 상태에 이를 수 있다. 이는 내담자에게 무감각해지고 해리되는 경험을 줄 수 있으므로 위험할 수 있다. SP(신체 감각 기반 심리 치료)에서는 내담자의 과각성 상태, 해리 경향성, 신체 기반 반응을 주의 깊게 다루며, 충분한 안정화 없이는 외상 기억을 재연하거나 다루는 것이 해롭다고 강조한다(Ogden & Fisher, 2015). 따라서 독립적으로 챗봇의 이용을 안내하지 않으며, 상담 초기에 내담자가 충분히 안정화 작업을 훈련하지 않은 상태에서 챗봇을 적용하지 않도록 주의한다.

따라서 본 챗봇을 적용한다면, 충분히 상담이 진행된 이후, 내담자가 자신의 트라우마 상황을 떠올리며 안정화 작업을 독립적으로 수행할 수 있으며, 자신의 트라우마 경험이 현재의 어려움에 미치는 영향을 인지적으로 지각한 이후가 되어야 할 것이다.

다음 외상 후 성장 보고서의 한 예시는 ChatGPT의 GPT-4o 버전에서 생성된 응답이다(OpenAI, 2025c). 챗봇의 이용자는 AI로 생성된 가상의 내담자이며, 어린 시절 아버지의 폭력으로 인한 트라우마를 가지고 있으며, 현재는 학교 미술 교사로서 근무하며 일에 대한 사명감을 간직하고 있다. 보고서 중 '트라우마 경험이 현재 당신에게 주는 의미'에는 "지금의 당신에게 과거의 상처는 단순한 고통 그 자체라기보다, 타인을 더 깊이 이해하게 해 주는 창구, 감정에 예민하고 공감할 수 있는 감성의 뿌리가 되었습니다. 특히 전시회를 통해 자신의 상처를 예술로 승화시킨 경험은, 당신이 그 고통을 타인의 치유로 확장시킬 수 있다는 가능성을 보여 주었습니다. 이는 "상처 입은 치유자"라는 개념을 떠오르게 합니다. 당신의 고통은 이제 단절이 아니라, 연결의 가능성으로 작용하고 있습니다"라고 적혀 있다. 그리고 '당신에게 드리는 축복의 메시지'에는 "당신이 견뎌 온 상처는 결코 당신을 무너뜨리지 않았습니다. 오히려 당신은 그 상처 위에 삶의 의미와 진심, 창의력과 따뜻함을 쌓아 올렸습니다. 아직도 때로는 외롭고 조심스럽겠지만, 당신은 이미 스스로 그 방의 문을 열 준비가 되어 있는 사람입니다. 당신은 충분히 사랑받을 자격이 있고, 이미 누군가에게 큰 위로와 영감을 주는 존재입니다"라고 적혀 있다. 따라서 종결 회기에 내담자와 함께 정리하는 마음으로 시간을 가진다면 의미 있게 사용되리라 생각한다.

참고문헌

한국상담심리학회(2025.5). "심리상담에서의 AI 활용에 대한 윤리적 권고문". https://krcpa.or.kr/user/bbs/view.asp?page=1&rows=15&task=ins&bid=bid_52&bord050Seq=821574&searchText=

Ahn, H., et al.(2025). Psychological interventions for complex post-traumatic stress disorder symptoms: A systematic review. *Journal of Korean Medical Science, 40,* e279. https://doi.org/10.3346/jkms.2025.40.e279

Chen, Z. et al.(2025). MDEval: Evaluating and enhancing markdown awareness in large language models. https://doi.org/10.48550/arXiv.2501.15000

Ho, D. H. & Fan, C.(2025). Self-critique-guided curiosity refinement: Enhancing honesty and helpfulness in large language models via in-context learning. https://doi.org/10.48550/arXiv.2506.16064

Ogden, P. & Fisher, J.(2015). *Sensorimotor psychotherapy: Interventions for trauma and attachment.* W. W. Norton & Company.

OpenAI(2025a). Prompt engineering – OpenAI API guides. OpenAI Platform. https://platform.openai.com/docs/guides/prompt-engineering

OpenAI(2025b). Prompt engineering best practices for ChatGPT. OpenAI Help Center.
https://help.openai.com/en/articles/10032626-prompt-engineering-best-practices-for-chatgpt

OpenAI(2025c.11.10). Example of a posttraumatic growth (PTG) report generated by ChatGPT (GPT-4o). Large language model output.
https://chatgpt.com/share/68de27d2-3b74-800c-83d1-59f9d6272fd5

Seligman, M. E. P. & Rashid, T.(2018). *Positive psychotherapy: Clinician manual.* Oxford University Press. 우문식·이미정 옮김(2020). 《긍정심리치료 치료자 매뉴얼》. 물푸레.

06

집단 심리상담을 보조하기 위한 챗봇 제작

아동 청소년 집단 상담에서 생성형 AI 기반 챗봇은 단순한 질의응답 도구를 넘어, 스토리텔링 · 게임 · 상호작용성을 결합한 새로운 형태의 치료 매체로 확장되고 있다. 이 장에서는 외상 후 성장 이론을 생성형 AI에 적용한 상호작용 기반 스토리 게임을 제작하는 과정을 담고 있다. 이 챗봇은 참여자 각자의 성장 · 회복 · 의미 재구성이라는 주제를 자연스럽게 담는 훌륭한 치료적 도구가 되어 준다.

AI와 민주주의?

집단 상담에서 AI 보드 게임의 활용

ChatGPT와 같은 생성형 AI는 기존 데이터를 학습한 뒤, 그 패턴을 바탕으로 새로운 콘텐츠를 생성할 수 있는 인공지능을 의미한다. 즉, 단순히 입력 정보를 분류하거나 예측하는 기존의 AI와는 달리 새로운 텍스트 · 이미지 · 음성 등 창조적인 결과물을 만들어 내는 모델을 말한다(OpenAI, 2023). 이는 ChatGPT가 그저 정보를 전달하는 도구로서가 아니라 그 자체로 이야기와 그림을 생성해냄과 동시에 사용자가 프롬프트로 입력한 상담적 개념에 대해 잘 녹인 이야기를 생성해 내는 데 굉장히 유용한 도구라는 것을 의미할 것이다.

먼저, 생성형 AI의 핵심 강점은 멀티모달(Multimodal) 처리 능력이다. 멀티모달이라 함은 텍스트뿐 아니라 이미지, 음성, 영상 등 다양한 정보를 통합하여 다감각적 경험을 제공할 수 있다는 것을 말한다(OpenAI, 2023). 이는 시각적 자극에 민감한 아동 · 청소년에게 스토리 이미지를 실시간으로 생생하게 생성해서 보여 줄 수 있는 유리함을 확보한다.

두 번째는 실시간 맞춤형 스토리 제작이 가능하다는 점이다. 상담사가 참여자의 실제 경험, 강점, 과거 외상의 경험 등을 키워드로 입력할 때, AI는 이를 반영하여 즉각적으로 스토리를 확장하거나 새로운 장면을 생성할 수 있다. 또한 어떤 프롬프트를 넣느냐에 따라 다양한 세계관을 챗봇이 제시할 수도 있으며, 참여자 집단의 특성과 개별 아동의 성장 주제에 맞춘 다양한 이야기를 설계할 수 있다는 것 또한 큰 강점이다. 응우옌 등(Nguyen et al., 2025)은 스토리 생성에 이처럼 사용자가 직접 주인공이 되어 개인화된 캐릭터를 포함할 수 있다는 것과, 개인화된 텍스트와 이미지를 생성하여 몰입을 돕는 사용자 중심적인 경험을 제공할 수 있다는 점이 멀티모달 스토리텔링의 진보라고 언급하였다.

생성형 AI의 두 가지 큰 강점인 멀티모달 능력과 실시간 개인화된 맞춤형 스토리 제작이 가능하다는 점은 집단 상담에서 자신의 이야기로 스토리를 만들어 내는 스토리 게임의 도구로서 AI가 충분히 활용될 수 있다는 것을 의미한다.

외상 후 성장 스토리 게임 챗봇 제작의 치료적 의미

집단 상담에서, 특히 아동 · 청소년 대상 집단 상담에서 생성형 AI 기반 챗봇은 단순한 질문-응답 도구를 넘어, 스토리텔링을 접목한 놀이 · 보드 게임으로서 치료적인 상담 도구로 충분히 활용될 수 있다. 특히 외상 후 성장(Post-Traumatic Growth: PTG) 개념을 집단 속에서 경험하게 하기 위하여, 저자는 자기 자신이 "성장한 나"로서 주인공이 되어 서사를 만들어 가도록 돕는 상호작용 기반 스토리 게임에 대한 아이디어를 떠올리게 되었다. 외상 후 성장은 고통스러운 사건을 겪은 이후, 삶에 대한 감사, 자기 강점 인식, 삶에 대한 새로운 가치관 등의 인지적·정서적·영적 성장으로 정의된다(Tedeschi & Calhoun, 1995).

화이트와 엡스턴(White & Epston, 1990)에 따르면, 아동·청소년이 경험한 어려움이나 고통은 "문제가 곧 그 사람"이라는 동일시 과정에서 더욱 강화되기 쉽다. 내러티브 치료는 이러한 동일시를 해체하고 문제를 외부화(externalization)하여 아동이 '문제의 피해자'가 아니라 '문제를 다룰 수 있는 주체'로 자신의 위치를 재구성하도록 돕는다. 또한 내러티브 치료는 대안적 서사를 다시 이야기로 생성하게 함으로써, 스스로 가진 강점과 회복력을 인식하는 기회를 확장한다. 이러한 과정은 외상 후 성장(PTG)이 강조하는 자신의 강점에 주목하며, 새로운 삶의 의미 형성과 자연스럽게 연결된다. 또한 이러한 서사가 집단 안에서 함께 창조될 때 새로운 삶의 의미는 더욱 주목되고 지지받을 수 있을 것이다.

킬머 등(Kilmer et al., 2024)의 연구에서는 치료적으로 적용된 RPG(Role-Playing Games)가 단순한 오락적 활동이 아니라 협력적 의사소통, 감정 표현, 상호 역할 협상, 문제 해결과 같은 핵심 정서·사회적 기술을 안전한 맥락에서 반복 학습할 수 있는 구조화된 집단 치료적 환경을 제공한다고 보고한다. 즉, 집단 상담 내에서 청소년의 정서·사회적 발달을 지원하는 근거 기반 치료적 도구가 될 수 있음을 명확히 시사하며, 이는 생성형 AI 기반 스토리 게임 챗봇 역시 아동 청소년에게 핵심 정서·사회적 기술을 제공할 수 있는 치료적 도구로서 충분히 활용될 수 있음을 지지한다고 볼 수 있다.

외상 후 성장 스토리 게임 챗봇 제작

먼저 ChatGPT의 GPTs로 만드는 스토리 게임을 만들기 위해서는 제작 프롬프트를 ChatGPT에 요청하여 1차 가안을 받는 방법을 선택해 볼 수 있을 것이다(https://chatgpt.com/gpts/editor에서 만들기).

그렇다면 "GPTs로 스토리 게임을 만들고 싶어. 프롬프트를 작성해 줘. 이용자가 배경을 선택하고, 자신을 주인공으로 설정할 수 있고, 이야기의 최종 챕터를 스스로가 선택할 수 있도록 선택지를 제시해 줘. 장면은 챕터 번호와 제목으로 출력해 주고, 3가지 선택지 중에 하나를 선택할 수 있게 해 줘. 각 챕터마다 스토리에 맞는 그림을 같이 생성할 수 있게 되면 좋겠어"라고 요청을 해 보자. ChatGPT는 스토리 게임 제작용 마스터 프롬프트라는 제목으로 프롬프트를 작성해 줄 것이다. GPTs 제작 과정에서 ChatGPT에게 직접 "스토리게임 제작용 프롬프트 초안을 작성해 달라"고 요청하는 것은 OpenAI가 제안하고 있는 기능이다(OpenAI, 2025).

둘째로 챗봇 제작을 위해 GPTs 구성 화면으로 들어간다. https://chatgpt.com/gpts/editor 제작 화면에서 구성으로 넘어가면, 출력된 프롬프트가 채워져 있음을 볼 수 있다. 이에 이름, 설명, 대화 스타터 등을 사용자가 채운 뒤에 미리 보기로 어떻게 출력되는지를 확인한다. 출력된 내용을 보며, 외상 후 성장(PTG)의 개념을 넣기 위해 다음과 같이 요청하였다. 기존의 프롬프트를 복사해서 보여 주며, "이 프롬프트에 외상 후 성장(PTG)의 개념을 녹이고 싶어. 나는 이 스토리 게임을 아동 · 청소년 및 청년과 함께 협력 작업으로 사용하고 싶고, 그들이 주인공이 되어서 이전의 상처를 이겨내고 현재에 이른 성장한 나를 주목할 수 있게 돕고 싶고 그런 주인공 설정을 넣을 예정이야. 주인공의 성장에 집중하는 스토리 게임을 만들고 싶어. 이를 반영한 프롬프트를 다시 수정해줘"라고 프롬프트를 입력한다. 이 전략은 호와 팬(Ho & Fan, 2025)이 정리하여 제시한 것으로, 모델이 추가 학습 없이 스스로 자신의 응답을 점검하고 비판한 뒤(self-critique), 그 평가를 바탕으로 응답을 다시 다듬어 나가는 과정(self-refine)을 통해 사용자가 원하는 출력물에 가까워지도록 반복적으로 수정하게 한다. 이번 예시를 통해 프롬프트를 작성하는 과정이 ChatGPT에게 출력물을 요청하는 것처럼 간단하며, 챗봇 제작 과정이 생각보다 간단하게 이루어질 수 있음을 안내드리고자 하였다. 제작한 스토리 게임은 GPT 탐색하기에서 스토리 게임_AI문고 예시로 검색하면 확인할 수 있다(OpenAI, 2025).

챗봇의 적용

외상 후 성장 스토리 게임 챗봇은 개인 상담보다는 집단상담 안에서 보다 잘 활용될 수 있을 것이다. 소수의 팀원이 자신들이 주인공이 되어 자신의 외상과 현재 성장의 캐릭터 특징을 넣어서 스토리를 함께 만들어 나간다. 그 과정에서 협력과 배려가 필요하다. 스토리의 배경,

스토리 선택 등에서 모두 팀원들의 합의가 필요하기 때문이다.

실제로 저자는 2025년 상반기에 이루어진 초등 고학년 사회성 향상을 돕는 집단 상담 안에서 사회성의 부족이라는 결점에 주목하는 것이 아니라 각 개인 고유의 강점을 강조한 집단 프로그램을 계획하였고, 회기 안에서 활용하기 위해 이 주제의 챗봇을 스스로 제작하여 회기 안에서 사용한 바 있다. 참여한 학생들은 상당히 흥미로워하였으며, 자신들이 주인공이 되어 스토리를 만들어 나가는 활동에 상당히 집중하는 모습을 보였다. 그리고 협력과 배려로, 서로 이야기 배경을 상의하거나 한 명씩 돌아가며 스토리를 선택하자는 합의를 하는 모습도 보였다. 진정 AI 시대에 상담 도구로서 AI가 제대로 활용된 매우 만족스러운 순간이었다. 출력물은 노션(notion)에 넣어 큐아르(QR)로 만들어 추후에도 읽을 수 있도록 전달하였다.

지금도 자유 놀이 시간에 참여자 중 한 명은 스토리를 이어서 하고 싶다고 챗봇을 열어달라고 부탁하기도 한다. 겁이 많은 친구는 가장 위험하고 용감한 스토리를 선택해 나가기도 하고, 점점 용감한 선택을 해 나가는 자신을 보며 대리 만족을 하는 모습도 보인다. 자연스럽게 팀원들은 강점을 반영하여 위기를 극복해 낸 스토리를 보며 서로의 강점에 주목하게 된다. "우리는 다르지만, 틀리지 않다. 우리는 모두 소중한 강점을 가지고 있다. 우리는 모두 성장하고 있다." 집단 수업에서 강조하는 바를 자연스럽게 체득해 나간다.

다음 외상 후 성장 챗봇의 한 예시는 ChatGPT의 GPT-5.1 버전에서 생성된 응답이다(OpenAI, 2025b). 판타지 세계를 배경으로 학교 가는 것에 대한 두려움이 있던 나나라는 가상의 인물이 주인공이 되어 만들어진 스토리는 나나가 극복해야 했던 과거의 어려움이나 기억하고 싶은 도전 경험을 소재로 잘 담고 있다. 마지막 5챕터는 "나나는 두려움과 빛을 잃었던 마음의 조각을 모두 안고 앞으로 나아간다. 이 모든 순간은 나나가 두려움에서 도망치지 않고 마주한 선택을 통해 이뤄진 변화였다. 바로 성장의 증거이자, 새로운 가능성의 시작이있다. 수정에서 풀려난 생명체와 회복된 수호수는 앞으로의 모험에서 나나를 지켜줄 동반자가 되었다. 그리고 문 너머의 세계는, 나나의 선택에 따라 새롭게 빛나기 시작했다"라고 마무리된다. 이 글에 대해 챗봇을 이용한 참여자가 어떤 생각과 감정이 드는지 나눠 보는 것, 그 자체도 치료적이라 생각한다.

참고문헌

Ho, D. H. & Fan, C.(2025). Self-critique-guided curiosity refinement: Enhancing honesty and helpfulness in large language models via in-context learning. https://doi.org/10.48550/arXiv.2506.16064

Kilmer, E. et al.(2023). Therapeutically applied RPGs to support adolescent social connection and growth during the COVID-19 pandemic. *Journal of Creativity in Mental Health, 18*(3), pp.210~231. https://doi.org/10.1080/15401383.2023.2239703

Nguyen, M.-L. et al.(2025). TaleForge: Interactive multimodal system for personalized story creation. https://doi.org/10.48550/arXiv.2506.21832

OpenAI, et al.(2023). GPT-4 technical report [arXiv preprint]. https://doi.org/10.48550/arXiv.2303.08774

OpenAI(2025a). Best practices for prompt engineering with the OpenAI API. https://help.openai.com/articles/6654000

OpenAI(2025b). 스토리게임 (Custom GPT). Large language model.https://chatgpt.com/g/g-6918fedb86888191ad0eb0cf52ddebad-seutorigeim

OpenAI(2025c). ChatGPT conversation: Shared session Largelanguagemodeloutput. https://chatgpt.com/share/69190b10-3710-800c-b81f-350bfc38fb01

Tedeschi, R. G. & Calhoun, L. G.(1995). *Trauma and transformation: Growing in the aftermath of suffering*. Sage Publications.

White, M. & Epston, D.(1990). *Narrative means to therapeutic ends*. W. W. Norton.

07
심리상담사가 만드는 웹앱 제작

바이브 코딩 시대에는 이제 더 이상 전문 개발자가 아니어도 웹페이지나 앱을 적은 비용과 시간으로 제작할 수 있게 되었다. 기술적 문제보다 그저 상담사의 전문성, 경험이 더욱 중요해지게 되었으며, 그 경험에서 오는 아이디어들이 더 가치 있게 되었다. 자연어로 제작이 가능한 웹앱의 예를 안내하며, 새로운 시대의 기술적 진보를 소개하고자 한다.

AI와 애니메이션?

바이브 코딩의 개념

바이브 코딩(Vibe Coding)은 사람의 말인 자연어로 앱을 만드는 것으로, 전문 개발자처럼 복잡한 코드나 기계언어를 외워서 쓰지 않아도, 자연스럽게 말하면 AI가 그 말을 해석해서 코드를 대신 만들어 주는 방식이다. 전통적인 코딩 방식은 개발자가 정확한 법칙대로 영어와 기호로 이루어진 기계 언어를 일일이 작성했어야 했기에 일반인은 코딩 작성 법칙을 모르면 작성이 매우 어려웠다. 반면 바이브 코딩은 사람이 자연어로 말하듯이 요청하면, AI가 파이선 코드처럼 기계가 이해하는 언어로 자동 변환해서 만들어 준다. 마치 통역사가 사람의 말을 코드로 바꿔주는 것이라 볼 수 있다. OpenAI의 공식 문서에서도 자연어로 모델에게 작업을 요청함으로써 코드 생성이 가능하며 비전문가도 자연어 지시만으로 웹앱의 핵심 기능을 구축할 수 있음을 강조하고 있다(OpenAI, 2024).

웹앱(web application)이란, 웹 애플리케이션의 줄임말로 앱을 설치하지 않고, 인터넷 주소(URL)에 접속만 하면 실행되는 앱을 말한다. 웹앱은 앱 설치가 별도로 필요하지 않기 때문에 링크만으로도 바로 사용이 가능하며 휴대폰, 태블릿, 컴퓨터 어디서든 실행이 가능하다는 장점이 있고, 앱 개발보다 비용이 훨씬 저렴하여 심리상담사가 상담을 위한 보조 도구로 제작할 수 있다는 편이성이 장점이라 할 수 있다(Yasar, 2024).

바이브 코딩 시대에 심리상담사의 활용

자연어로 코딩을 할 수 있게 되었다는 것은 누구나 아이디어만 있으면 앱으로 구현하기까지 시간이 매우 줄어들 수 있다는 것으로, 심리상담사가 자신과 내담자가 필요한 앱이나 웹페이지를 스스로 만들어 내는 것이 가능해졌다는 것이다. 진정 획기적인 시대의 변화다.

바이브 코딩으로 심리상담사가 직접 만들 수 있는 상담 도구로는 감정 일기 앱, 자가 진단 체크리스트 웹 페이지, 연구 참여자 안내 웹앱, 보호자 및 교사용 교육 콘텐츠 웹앱 등일 것이다.

바이브 코딩은 "사람의 말로 앱을 만드는 기술"이며, 복잡한 기계 언어를 몰라도 AI가 알아서 코드로 변환해 주기 때문에 컴퓨터 프로그래밍 비전공자인 심리상담사도 전문 개발자처럼 앱을 만들 수 있는 새로운 방식이다. 생성형 AI 기반 코드 생성 도구의 활용은 비전문가의 프로그래밍 효율을 높이고 개발 시간을 단축하는 것으로 보고하였다(Vaithilingam et al., 2022). 심리상담사들이 이를 잘 활용한다면 보다 전문적인 멘탈 헬스 케어 분야에서 다양한 앱을 만들어 낼 수 있으리라 생각된다. 즉 내담자에게는 꼭 필요하지만 기존에 없던 실용적이고 전문적인 디지털 치료 · 교육 · 평가 도구를 심리상담사가 스스로 제작할 수 있다. 이는 상담사 역량 강화, 현장 맞춤형 도구 개발, 디지털 치료 접근성 향상, 비용 및 시간 절감 등의 강점이 있다는 점에서 멘탈 헬스 케어 분야의 중요한 변화이지 않나 생각된다.

가데(Gadde, 2025)는 '2023년부터 바이브 코딩(vibe coding)이라 불리는 AI 기반 no-code 플랫폼의 등장은 자연어 프롬프트와 LLM 기반 코드 생성이 가능해지면서 소프트웨어 개발 진입 장벽을 낮추며 비전문가도 기능적인 앱 개발이 가능해지는 애플리케이션 개발의 민주화(democratization)가 이루어졌다'고 말한다. 또한 '현재의 흐름이 교육 분야에서 보다 접근 가능하고 개인화된 학습 경험을 지원하는 데 기여하고 있다'고 밝힌다. 실증 분석에서도 개발 시간은 평균 65% 감소하였고, 개발 비용 역시 유의미한 절감이 있음과 동시에 산출물의 품질 역시 전통적 개발과 동등한 품질을 유지한다는 결론을 보고하였다. 그러나 자연어 코딩 웹앱의 경우는 설계 주체가 AI가 되어 자동 생성하는 방식이라 보안 및 성능, 확장성에서 아무래도 제한적일 수밖에 없다. 따라서 간단한 교육 상담 연구용 도구는 심리상담사가 자연어 코딩을 활용하는 것이 가능하겠으나 보다 대규모의 플랫폼이나 보안과 성능에 있어 전문성이 기반이 되는 고품질의 웹앱의 경우는 전문 개발자들의 제작이 가능한 부분일 것이다.

자연어 명령으로 웹앱 제작 방법

러버블(Lovable.dev)이라는 AI 기반 웹앱 생성 플랫폼은, 앱 아이디어에서 제작 후 배포까지 모든 과정을 자연어로 지원하고 있어 심리상담사가 빠르게 도구를 만들어 실무에 활용하기 적합하다. 이 플랫폼은 하루 5회 무료 사용이 가능하여 부담 없이 시도해 볼 수 있다.

예를 들면, 비폭력 대화(NVC) 훈련용 웹앱을 만들어 이를 상담에서 활용하고자 한다고 생각해 보자. 그렇다면 먼저 ChatGPT에 Lovable용 프롬프트를 만들어 달라고 요청한다.

"Lovable로 비폭력대화(NVC) 훈련용 웹앱을 만들고 싶어. 사용자는 자신의 상황을 입력하면, NVC의 4단계(관찰-감정-욕구-요청)(Rosenberg, 1999)에 맞춰서 문장을 재구성해 주고, 예시 문장과 피드백을 보여 주는 앱이었으면 좋겠어. Lovable에 처음 넣을 프롬프트를 작성해 줘"라고 작성한다.

그러면 ChatGPT가 다음과 같은 Lovable용 프롬프트를 만들어 줄 것이다. 'Lovable에 넣을 수 있는 예시 프롬프트: 비폭력대화(NVC)를 연습할 수 있는 웹앱을 만들어 주세요. 사용자가 현재 갈등 상황이나 어려웠던 대화를 텍스트로 입력하면, 이를 NVC 4단계(1. 관찰, 2. 감정, 3. 욕구, 4. 요청)에 맞게 나누어 보여 주고, 각 단계별로 예시 문장과 선택지를 제공해 사용자가 문장을 다듬을 수 있게 해 주세요(이하 생략)(OpenAI, 2025). 이를 그대로 복사해서 Lovable 첫 화면에 입력하면 제작이 시작되고 제작 과정이 화면 왼쪽으로 실시간 확인이 가능하며 수 분 뒤에 제작 가안을 화면 오른쪽에서 확인이 가능하다.

이렇게 진행해 나가면, 자신에게 맞춤형으로 일상의 상황을 입력하면 NVC 4단계로 재구성해 주는 웹앱이 매우 간단하게 제작이 가능하다. 이를 링크로 타인이 이용하게 할 수 있도록 하기 위해서는 Publish를 눌러 배포를 하는 과정이 필요한데, 이때 주의할 점은 배포해서 이용할 때 AI에게 일을 시킬 때 사용하는 포인트 같은 크레딧(Credit) 비용이 발생한다는 점이다. 이는 이용에 비례하며, Lovable의 Pro요금제(월 25$)가 필요할 수도 있을 것이다. 이는 제작을 진행하며 좀 더 확인이 필요하다.

만약, 챗봇형 웹앱처럼 LLM의 대화 기능이 필요하다면 OpenAI의 API라고 하는 자신의 고유 키를 사용하는 자연어 기반 개발 도구가 필요하며 이때는 레플릿(Replit: https://replit.com)이라는 플랫폼 활용을 추천한다. Lovable처럼 자연어로 앱을 구현할 수 있으나, 확장성이 가능하며 UI가 좀 더 전문적이고 세련된 면이 있다. 이 플랫폼 역시 최대 10개의 웹앱을 무료로 제작해 볼 수 있으므로 일단 무료로 시작해 보기를 권한다.

Replit으로 웹페이지나 웹앱을 만드는 과정 역시 Lovable과 동일하다(Replit Inc., 2025). 먼저 ChatGPT로 프롬프트를 요청한다. "Replit으로 비폭력대화(NVC) 훈련용 웹앱을 만들고 싶어. 사용자는 자신의 상황을 입력하면, NVC의 4단계(관찰-감정-욕구-요청)(Rosenberg, 1999)에 맞춰서 문장을 재구성해 주고, 예시 문장과 피드백을 보여 주는 앱이었으면 좋겠어. Replit에 처음 넣을 프롬프트를 작성해 줘." 그 다음 Replit으로 프롬프트 템플릿을 넣으면 화면 오른쪽에 웹앱의 가안이 자동으로 생성된다.

마지막으로 Replit에서 내가 원하는 웹앱이 나올 때까지 자연어로 수정 요청 및 오류 수정 요청을 반복하도록 한다. 예를 들면 "폰트를 조금 더 크게 해 줘", "색감을 파스텔 톤으로 바꿔 줘", "감정 단계에서 선택형 리스트도 추가해 줘" 등과 같은 방식으로 자연어로 손쉽게 수정을 요청할 수 있다.

만약 비폭력(NVC) 훈련용 웹앱에서 NVC의 4단계 문장과 피드백을 보여 주는 것뿐 아니라 가상의 상황에서 NVC 연습을 해 보는 ChatGPT 기반 챗봇 기능까지 추가하고 싶다면, 자연어로 이렇게 요청하도록 한다. "ChatGPT 5.1 기반으로 대화형 챗봇 기능을 추가하고 싶어. 사용자가 작성한 상황에서 가상으로 비폭력대화(NVC) 훈련을 실제처럼 시도해 볼 수 있는 챗봇도 가능하게 기능을 추가해 줘. 나의 Open API 키는 **** 야." 여기서 OpenAPI 키는 htps://platform.openai.com/account/api-keys에서 API Key를 발급받을 수 있으며, 이 또한 사용량에 따른 비용이 발생하므로 자세한 내용은 별도의 확인이 필요할 것이다.

본 저자는 Replit을 이용하여 실험 연구 시 필요했던 상담사 역량 강화 챗봇과 자신의 핸드폰 번호 뒤의 4자리를 넣으면 자신이 실험 집단과 통제 집단 중 어디에 배정되었었는지 확인할 수 있는 웹앱을 제작하여 활용한 바 있다. 심리상담사가 직접 실험 연구에 필요한 대화형 챗봇과 간단한 웹앱을 직접 구현할 수 있는 시대가 되었다는 것이 무척이나 신기하고 놀라운 경험이었다고 생각한다.

참고문헌

Gadde, A.(2025). Democratizing software engineering through generative AI and vibe coding: The evolution of no-code development. *Journal of Computer Science and Technology Studies, 7*(4), pp.556~572. https://doi.org/10.32996/jcsts.2025.7.4.66

Lovable, Inc.(2024). Welcome – Lovable documentation. https://docs.lovable.dev/introduction/welcome

OpenAI(2024). OpenAI API documentation. https://platform.openai.com/docs

OpenAI(2025.11.17). ChatGPT conversation: Post-traumatic growth report example (GPT-4o output). Large language model output. https://chatgpt.com/share/691a8b9b-3fac-800c-9c14-a9cdd6ff4816

Replit Inc.(2025). Getting started – Replit documentation. https://docs.replit.com/getting-started/intro-replit

Rosenberg, M. B.(1999). *Nonviolent communication: A language of compassion*. PuddleDancer Press.

Vaithilingam, P. et al.(2022). Expectation vs. experience: Evaluating the usability of code generation tools powered by large language models. *CHI Conference on Human Factors in Computing Systems Extended Abstracts*, pp.1~7. https://doi.org/10.1145/3491101.3519665

Yasar, K.(2024.11.25). What is web application (web apps) and its benefits?. TechTarget. https://www.techtarget.com/searchsoftwarequality/definition/Web-application-Web-app

08
안전한 AI 사용을 위한 윤리와 법적 고려

심리상담에서의 AI 사용은 더 이상 낯선 일이 아니다. 앞으로는 심리상담 장면 안에서 AI와 협업하는 심리상담사가 등장하게 될 것이다. 이 과정에서 심리상담사가 중요하게 여겨야 할 의무는 윤리적 책임성이며, 내담자의 개인정보 보호 및 동의서 작성 등의 의무 규정은 반드시 갖춰져야 한다. 심리상담사가 견지해야 할 윤리적 · 법적 의무 사항들을 확인함으로써 AI 융합의 안전망을 고려해 보고자 한다.

AI와 인재 채용?

상담사를 위한 AI 사용 지침

미국 상담 협회인 ACA는 2024년 'Recommendations for Practicing Counselors and Their Use of AI'와 'Recommendations for Client Use and Caution of AI'를 발표하며, 상담 현장에서 AI를 활용할 때 지켜야 할 기준을 제시하였다(American Counseling Association, 2024). 핵심 내용은 다음과 같다.

ACA 권고안은 상담사가 AI를 사용할 때 내담자에게 기술의 기능과 목적 · 한계 · 잠재적 위험을 충분히 설명함으로써 내담자가 스스로 사용 여부를 결정하도록 해야 한다는 점을 가장 먼저 강조하며, AI는 인간 상담사를 대신하는 존재가 아니라 어디까지나 보조 도구임을 명확히 해야 한다고 제시한다. 또한 자살 위기나 급성 정신병적 상태, 심각한 자해 위험과 같은 상황에서는 AI에 의존해서는 안 되며, 즉각적인 전문 기관 연결이 우선이라는 점을 분명히 한다. AI를 사용할 때는 내담자의 개인정보가 안전하게 보호되도록 보안 조치를 철저히 해야 하며, 상담 내용이나 민감 정보가 불필요하게 저장되거나 노출되지 않도록 각별한 주의가 필요하다고 안내한다.

한국상담심리학회 역시 2025년 5월에 '심리 상담에서의 AI 활용에 대한 윤리적 권고문'을 통해 내담자 정보 보호 · 사전 동의 · 임상적 책임 · 수퍼비전 및 교육에서의 활용 원칙을 제시한 바 있다(한국상담심리학회, 2025). 권고문에서는 상담사가 AI를 활용할 때 무엇보다 내담자의 정보를 안전하게 보호해야 한다고 강조한다. 축어록이나 녹음 파일처럼 민감한 자료는 AI에 그대로 업로드할 경우 유출 위험이 있으므로, 가능하면 가명 처리하고 보안이 확인된 도구만 사용해야 한다. 또한 AI가 어떤 방식으로 사용되는지, 어떤 정보가 처리되는지, 어떤 장단점과 위험이 있는지를 내담자가 이해할 수 있도록 설명하고, 충분한 동의를 받은 뒤에만 기술을 활용해야 한다. 상담사는 사용하는 AI 도구가 안전하고 상담 장면에 적합한지 스스로 판단할 책임이 있으며, 개인정보 처리 방식이나 보안 수준을 반드시 확인해야 한다. 더불어 AI 기술과 관련 법 · 윤리 기준은 빠르게 변하고 있으므로, 상담사는 지속적으로 배우고 자신의 실무에 필요한 내용을 업데이트하는 태도를 유지하는 것이 중요하다고 제시한다(한국상담심리학회, 2025).

최근에 상담 업계의 분위기는 AI의 사용을 반대하지 않으며, 제대로 상담사가 잘 이해하고 있어야 함을 강조하고 있다. 그러나 내담자 보호와 상담사의 책임을 전제로 매우 신중하게 사용해야 한다는 것이 골자다.

OpenAI 개인정보 처리 방침 개요

상담 현장에서 ChatGPT를 사용할 경우, OpenAI의 개인정보 처리 방침을 이해하는 것은 상담과 관련하여 AI를 사용하는 상담사의 윤리적 의무다. OpenAI의 개인정보 처리 방침에 따르면 OpenAI는 이름 · 연락처 · 결제 수단 등의 계정 정보, 사용자 입력 콘텐츠 · IP 브라우저 정보 사용 시간과 같은 로그 데이터 등 다양한 유형의 개인정보를 수집할 수 있으며, 이러한 정보는 서비스 제공 · 유지 개선과 모델 연구 개발 등을 위해 사용된다. 이용자는 설정에서 모델 학습 기여 여부를 스스로 선택할 수 있고, 임시 채팅 기능을 통해 일정 기간 후 대화가 자동 삭제되도록 설정할 수 있다. 또한 OpenAI는 암호화와 접근 통제 등 기술적 · 관리적 보호 조치를 적용한다고 밝히며, 사용자는 자신의 정보에 대해 열람 · 삭제 · 정정을 요청할 권리를 가진다. 최근에는 ChatGPT 대화 내용이 외부로 노출된 사례가 보고되면서 사용자의 주의가 더욱 강조되고 있다. 특히 2025년 8월 일부 대화가 검색엔진에 노출되는 문제가 발생하였으며 해당 기능은 설계상의 결함으로 판단되어 즉시 영구적으로 제거된 바 있다.

심리상담사로서 꼭 견지해야 하는 점은 ChatGPT에서 이루어진 대화는 변호사나 의사, 상담사와 같은 법적 비밀 보장 특권(legal privilege)이 적용되지 않으며, 내담자의 민감한 정보를 입력할 때 항상 신중해야 한다는 점이다(OpenAI, 2025). 변호사 · 의뢰인, 의사 · 환자, 상담사와 내담자 관계에서는 비밀 보장 특권이 존재하며 그 관계 안에서 이루어진 대화는 제 3자가 요구해도 공개되지 않는 법적 보호를 받는다. 이를 우리나라 법체계로 적용해 보면 법정 진술 거부권 형태의 법적 비밀 보장 특권이 적용되지는 않으나 비밀 유시 의무가 석용되므로, 직무상 알게 된 비밀을 누설하여서는 아니 된다는 비밀 누설 금지 조항이 법적으로 제시되어 있다. 그러나 ChatGPT는 그러한 보호 체계에 속하지 않는다. 따라서 ChatGPT에 입력된 내용은 법적으로 보호되는 기밀 정보가 아니며, 플랫폼 설계 오류나 보안 허점이 생길 경우 노출 위험이 완전히 없다고 말할 수 없다는 점에서 주의가 필요하다. 따라서 심리상담사는 실명 · 연락처 · 주민번호 · 구체적 사건 정보 등을 절대로 그대로 입력해서는 안 된다. 이는 반드시 제거하거나 가명화하여 입력하는 것이 필요하다. 축어록이나 녹음 파일 전체를 업로드하는 방식은 최대한 지양한다. 기관 차원에서 내부 규정이나 안내문을 마련함으로써 내부적인 AI 사용 지침 또는 활용 동의서 사용이 필수적이다. 내담자에게 상담사는 AI 활용이 어떻게 이루어지는지 투명하게 설명해야 한다. "민감한 개인 정보는 AI에 직접 올리지 않습니다"라는 분명한 언급이 필요하다. 즉, 심리 상담사는 내담자의 정보 보호, 윤리 기준을 준수하며 AI를 신중하게 사용하는 전문적이며 책임감 있는 태도가 가장 요구된다.

상담사가 반드시 지켜야 할 개인정보 보호 원칙

국내에서 상담 관련 기록을 AI에 활용할 때 가장 직접적으로 적용되는 법은 개인정보보호법이다. 제2조의 개인정보 정의에 따르면 성명 · 주민등록번호 등으로 개인을 식별할 수 있는 정보뿐 아니라 다른 정보와 결합하여 개인을 알아볼 수 있는 모든 정보가 개인정보에 해당한다. 즉, 심리상담을 하며 언급되는 이름 · 학교 · 근무지 · 주소지 등 대부분은 개인정보로 볼 수 있으며, 정신과 진단명 및 상담 내용은 민감 정보(제23조)로 특별 보호 대상이라 볼 수 있다. 제15조(개인정보의 수집 이용)에서는 원칙적으로 정보 주체(내담자)의 동의가 있어야 하며, 동의 받은 목적 범위 내에서만 정보를 이용해야 한다. 제17조(제3자 제공 제한)와 제18조(목적 외 이용 금지)에 따라, 내담자 동의 없이 AI 플랫폼 서버(해외 포함)에 상담 내용을 전송하는 행위는 사실상 제3자 제공에 해당할 수 있다. 따라서 정신건강 정보·진단명·주민등록번호 등의 무단 저장·전송은 중대한 위반으로 간주되며, 이를 위반할 경우, 상황에 따라 과태료부터 5년 이하 징역 또는 5천만 원 이하 벌금까지 형사처벌이 가능하다(국가법령정보센터, 2025).

정리하면, 심리상담사가 AI에 상담 기록을 활용할 때 반드시 지켜야 할 개인정보 보호 핵심 원칙은 명확하다. 내담자를 식별할 수 있는 이름·연락처, 학교·식상 성보·주소·음성, 진단명 등 직접 식별 정보와 민감 정보를 그대로 입력해서는 안 되며, 필요한 경우에도 가명 처리를 거친 최소한의 정보만 사용해야 한다. 모든 AI 활용은 사전에 내담자에게 목적, 활용 방식, 위험성을 충분히 설명하고 명시적 동의를 받은 경우에만 가능하다. 또한 AI 플랫폼에 정보를 입력하는 행위는 법적으로 제3자 제공으로 간주될 수 있으므로 더욱 신중해야 하며, 특히 주민등록번호나 정신건강 정보와 같은 고유 식별 정보 및 민감 정보는 절대 업로드해서는 안 된다. 상담 기록은 AI가 아니라 상담사와 기관이 직접 안전하게 관리해야 하며, AI를 사용하더라도 암호화, 접근 권한 통제 등 기본적인 보안 조치가 갖춰진 환경에서만 운영해야 한다. 마지막으로, 동의 없이 대화 내용이 자동 저장되거나, 목적 외로 재활용되는 일이 없도록 지속적으로 확인하고 관리하는 것이 상담사의 법적·윤리적 책임이다.

AI 활용 동의서 및 상담 기록 관리

AI를 상담 장면에서 활용하는 것이 법 위반을 의미하는 것은 아니나, 활용 시 적법한 절차와 안전 조치를 갖추는 것이 상담사 및 상담 기관에 필수적이다. 따라서 반드시 AI 활용 전에 내담자에게 충분한 설명과 동의서 작성의 과정이 이루어져야 한다.

동의서에는 AI를 어떤 목적으로 사용하는지, 어떤 데이터가 처리되는지, 어떤 보안 조치가 적용되는지, 그리고 내담자가 동의하지 않아도 불이익이 없으며 언제든지 철회할 수 있다는 내용이 명확하게 포함되어야 한다. 또한 동의의 유효 기간과 재동의 절차를 안내해 기술 변화에 따라 내용을 주기적으로 업데이트할 수 있어야 한다. 상담 기록을 AI와 연계할 때는 이름·연락처·주민번호·학교·직장 등 고유 식별 정보는 반드시 제거하고 필요한 최소 정보만 활용해야 하며, 기록의 소유와 책임은 상담사와 기관에 있으므로 AI를 기록 보관 장소처럼 사용해서는 안 된다. 기관 차원에서는 어떤 AI를 어떤 목적에 허용할지 내부 지침을 마련하고, 자살 위기나 학대와 같은 고위험 상황에서는 AI에 의존하지 않고 즉각적인 인간 진문가 개입을 우선히도록 명확한 프로토콜을 세워야 한다.

오픈 소스나 필터가 제거된 비안전성 챗봇은 내담자에게 혼란이나 위험을 줄 수 있어 사용을 권장하지 않는다. 캐릭터 AI와 같은 챗봇들은 윤리적 필터링, 사실 검증, 위기 대응 체계가 충분히 갖춰져 있지 않은 경우가 많아, 심각한 정신적 어려움이 있는 내담자에게 부적절한 조언을 하거나 정신 병리 증상을 악화시키는 등 위험을 초래할 수 있기 때문이다. 백 등(Baek el al., 2025)은 2024년 미국에서 한 10대 사용자의 자살 이후, 캐릭터 AI(character.ai)를 상대로 제기된 첫 민사소송 사례를 바탕으로 캐릭터 AI 기술에 내재된 미해결 윤리 문제들을 정리하여 제시한 바 있다. 이러한 문제에는 AI 기반 롤플레이와 현실의 구분이 어려워지는 위험, 자극적 역할을 수행하는 통제되지 않은 모델, 현실과의 분리, 인간처럼 감정적인 관계를 맺는다고 착각하기 쉬운 기만적 의인화(anthropomorphism)와 프로그램된 패턴으로 공감 표현을 모방하여 생성하는 모방된 공감(emulated empathy)으로 인한 혼란 등이 포함된다. 따라서 백 등

(2025)은 취약 이용자를 위한 안전장치에 중대한 함의와 더불어 혁신과 사용자 안전 사이의 균형을 확보할 수 있는 윤리적 프레임워크의 시급한 필요성을 주장하였다.

결국 AI는 상담사의 역량을 보조하는 도구일 뿐이며, 내담자의 권리 보호와 비밀 보장, 그리고 상담사의 임상적 판단과 책임이 항상 중심에 있어야 한다는 것이 여러 국제·국내 기준이 공통으로 말하는 핵심 메시지라고 볼 수 있다.

참고문헌

국가법령정보센터(2025). "개인정보 보호법".
https://www.law.go.kr/법령/개인정보보호법

한국상담심리학회(2025.6.4). "심리상담에서의 AI 활용에 대한 윤리적 권고문".
https://krcpa.or.kr/user/bbs/view.asp?page=1&rows=15&task=ins&bid=bid_52&bord050Seq=821574&searchText=

American Counseling Association(2024). Recommendations for practicing counselors and their use of AI.
https://www.counseling.org/resources/research-reports/artificial-intelligence-counseling/recommendations-for-practicing-counselors

American Counseling Association(2024). Recommendations for client use and caution of artificial intelligence.
https://www.counseling.org/resources/research-reports/artificial-intelligence-counseling/recommendations-for-client

-use-and-caution-of-artificial-intelligence

Baek, G. et al.(2025). AI chatbots for psychological health for health professionals: Scoping review. *JMIR Human Factors, 12*, e67682. https://doi.org/10.2196/67682

OpenAI(2025). Privacy policy. https://openai.com/policies/row-privacy-policy

09
AI 시대, 새로운 심리상담 시스템: 멀티 에이전트 시스템

AI 기술의 발전은 현재의 1인 상담 시스템이 아닌 멀티 에이전트 시스템의 진화를 가능하게 하고 있다. 멀티 에이전트 시스템은 다양한 전문 역할의 에이전트들이 목표 지향적으로 협업 구조를 갖추는 것을 의미한다. 이는 마치 여러 명의 전문 상담사가 한 팀을 이뤄 내담자를 돕는 것과 유사하다고 볼 수 있다. 이번 장에서는 멀티 에이전트 기반 새로운 상담 시스템의 개념과 구현, 그리고 실제 상담 현장에서의 활용 예시를 소개하고자 한다.

AI와 기자?

에이전트의 개념과 AI 상담의 진화

ChatGPT는 에이전트 모드(Agent Mode)의 기능을 갖추고 있다. 여기서 에이전트(Agent)란 목표를 가지고 자율적으로 행동하는 AI를 의미하며, 단순 반응형 챗봇보다 한 단계 발전한 개념이다(OpenAI, 2024a). Google에서 공동 주관한 AI 에이전트 집중 과정의 내용 중 사부와 굽타(Saboo & Gupta, 2025)가 정리한 개념으로 에이전트의 능력 수준을 보면 대형 언어 모델(LLM)을 기반으로 한 기본 대화형 챗봇 수준인 레벨 0, 인터넷 검색이나 외부 데이터베이스를 활용하여 추가 정보를 실시간으로 제공할 수 있는 정보 연결 챗봇 수준인 레벨 1, 대화를 스스로 계획하고 전략적 개입을 수행하는 레벨 2, 여러 전문 에이전트를 조직하고 위임하는 협력적 다중 에이전트 시스템인 레벨 3 단계로 분류되며 미래에 AI와 협업하는 상담의 방식으로 레벨 3단계를 도입한 협력적 다중 에이전트 상담 시스템이 고려될 수 있을 것이다.

캄프만 등(Kampman et al., 2024)은 정신건강 전문가의 인지 부담을 줄이기 위해 다중 에이전트 기반 AI 시스템을 제안한바 있다. 이 시스템은 상담사가 심리적 지원을 제공할 때 직접적인 상호작용을 돕는 도구로 기능하며, AI 어시스턴트는 상담사의 인지적 부담을 줄이기 위해 응답 초안 제안, 대화 분석을 통한 핵심 주제 추출, 전체 대화 요약, 지역 기반의 적절한 정보나 인터넷 기반 인지 행동 치료(CBT) 실습 콘텐츠 추천 등을 수행한다. 이러한 다중 에이전트 접근을 통해 복잡한 상담 업무를 보다 포괄적이고 전문적이며 제한된 상담 시간 내에 효율적이며 집약적으로 개입을 이루어 낼 수 있으리라 기대된다.

멀티 에이전트 상담 시스템이 가능할 수 있는 것은 최근 AI 기술 발전과 맞물려 있다. GPT-4.5와 같은 강력한 LLM의 등장과 함께, AI 에이전트 아키텍처가 급속히 발전하여 맞춤형 챗봇(Custom GPT: GPTs)을 제작할 수 있게 되었고(OpenAI, 2023), 필요한 순간 인터넷 검색 또는 데이터베이스 조회 등 외부 도구를 사용할 수 있게 되었다(OpenAI, 2025). 더불어 장기적인 대화 기록이나 이전 세션 내용 등을 기억하고 활용함으로써 최근 대화를 참조하여 더욱 맞춤화된 응답을 제공할 수 있게 되었다(OepnAI, 2024b). 즉 GPTs를 통해 내담자와 작업한 정보를 드라이브에 저장하고, 이를 ChatGPT에 연결시켜 바로 ChatGPT에서 불러와 내용을 확인하고 또 필요한 작업을 추천받거나 에이전트 모드를 활용하여 내담자에게 필요한 지원 정책이나 알바 및 자원봉사 정보 등을 실시간으로 확인할 수 있게 되었다. 모두 ChatGPT 안에서 가능한 일이 되었다.

멀티 에이전트 상담 시스템의 예

일전에 ChatGPT를 유료로 구독하며 자신의 심리 상태를 분석하기 위해 몇 시간 동안 대화를 나눴던 한 20대 내담자와 심리상담 내에서 AI를 활용하는 'AI 활용 내담자 동의서'를 소개하고 동의서 작성 과정을 가진 바 있다.

내담자는 자신의 상담 시간에 상담 내용을 녹음하고 전사하여 ChatGPT로 상담 기록을 바탕으로 '오늘의 상담 리포트'를 받는 것에 동의하였다. 오늘의 상담 리포트에는 그날 내담자의 상담에서 나눈 핵심 내용을 요약해 준다. 즉, 최근 기분과 주요 인물들과의 관계 변화, 핵심 감정과 더불어 긍정적인 변화를 정리해 주며, 새롭게 이해하게 된 점을 정리해 준다. 또한 요즈음의 나의 주된 욕구와 앞으로의 방향과 소망을 정리해 주며, 다음 회기 전까지 해 볼 수 있는 작은 행동 실험을 제안한다. 이는 본 상담사가 이미 프롬프트를 작성한 대로 한 회기를 정리해 준 것으로 상담사는 다음과 같이 지침을 ChatGPT에 작성해 두었다. '1. 내담자용 상담 리포트 요청 : "내담자에게 전달할 이번 주 상담 요약문 만들어 줘, 내담자가 말한 주요 고민, 감정, 인사이트 중심으로 보고서 써 줘, 내담자가 말한 핵심 내용을 존중하면서 간결하게 요약해 줘(공감 언어 포함), 언어나 어휘는 전문 용이기 아닌 쉽고 이해하기 좋게 적어 줘. 2. 단기 목표 및 행동 실험 정리 : "이번 상담에서 나온 아이디어를 바탕으로 내담자용 행동 실험 리스트 정리해 줘", "다음 주까지 실천해 볼 수 있는 작은 시도들을 추천해 줘(내담자 성향에 맞춰서)." 상담사는 오늘의 상담 리포트를 상담 마무리 5분전에 같이 확인하며 필요한 내용은 AI에 추가로 요청하고 불필요한 내용은 삭제하며 내담자에게 상담 리포트를 전해 준다. 필요하면, 상담사가 만들어 둔 DBT 챗봇이나 심리 도식 챗봇을 활용하여 내담자에게 좀 더 심리적인 교육이 될 수 있는 안내지를 작성해 주거나 자신의 심리 도식을 이해하는 자료 및 현재의 어려움을 자신의 심리 도식으로 이해해 보고 건강한 성인 양식에 맞는 행동 방략을 작성해서 제공해 준다. 이 모든 과정은 한 회기에 이루어지며 필요시 내담자가 다가오는 두려운 상황에 대응할 수 있는 구체적인 시나리오를 작성해 주는 데 챗봇이 적극적으로 활용된다.

내담자가 동의한다면 GPTs로 내담자의 오늘의 리포트 RAG로 자료를 업로드하여 내담자의 상황을 계속 팔

로우하며 메모리된 내용을 기반으로 추후 상담에서 활용할 수도 있을 테지만 이는 진행하지 않고 있다.

왜 상담 분야에 멀티 에이전트 시스템이 필요한가

심리상담은 복합적인 기술의 집합체라고 할 수 있다. 숙련된 상담사는 한 세션 안에서도 여러 가지 역할과 기능을 동시에 수행하며, 한 가지 이론을 적용하는 것이 아니라 다양한 이론의 다양한 기술들을 접목한 과정을 50분 안에 해내야 한다. 내담자는 주 1회 50분의 상담이 진행되며 상담사는 온전히 몸의 체험과 인지적 기억에 의존하여 이 50분의 시간을 충분히 활용하려 한다. 그러나 상담사에게는 대화 기술, 내담자의 핵심 정서 파악, 사례 개념화를 떠올리며 적절한 반응을 고려하는 일, 내담자의 자해나 자살을 위험하고 즉각적인 위기 개입이 필요한지 판단하는 것, 내담자에게 적용하고 있는 이론에 적절한 기법들을 적용하는 일, 한 주 간의 실험해 볼 과제를 떠올리거나 행동적 방략 등을 계속 인식하는 일 등은 매우 복잡하고 고도의 집중이 요해지는 일이며, 내담자에게는 오늘의 상담을 기억하고, 잘 떠올려 한 주를 적용하는 것이 또 하나의 난제로 다가올 수 있다.

캄프만 등(Kampman et al., 2024)의 연구에서 고려된

멀티 에이전트 상담 시스템은 이런 전문팀을 디지털로 구현한 것으로, 각각의 에이전트가 자신이 가장 잘하는 기능에 집중하고, 필요한 순간에 서로 소통하고 협업함으로써, 한 명의 심리상담사가 독립적으로 상담을 수행할 때 놓칠 수 있는 부분까지 지원받을 수 있다.

또한 이러한 구조는 근거 기반 상담을 강화한다. 여러 에이전트가 역할을 분담하면서, 필요한 경우 외부 지식베이스나 문헌을 검색하고 참고할 수 있기 때문이다. 예를 들어 어떤 내담자에 대한 개입 방안을 논의한다고 할 때, 한 에이전트가 최신 연구나 매뉴얼을 심층 리서치로 검색하여 관련 증거를 제공하고, 다른 에이전트는 그것을 바탕으로 상담 기법을 제안하는 식이다. AI가 단순히 "느낌상" 답변을 내놓는 것이 아니라, 출처가 분명한 자료에 기반한 조언을 제공하도록 설계할 수 있으며 파타르 등(Pattar et al., 2025)이 제안한 멀티 에이전트 정신건강 AI 챗봇 역시 근거 기반 정신건강 가이드라인을 참조하도록 설계될 수 있음을 강조하고 있다.

핵심은 상담사가 지휘자가 되어 AI 시스템이 운영될 때 인간 상담사가 직접 개입(human-in-the-loop)(OneReach, 2025)함으로써 필요에 따라 적절한 에이전트를 호출하고, 에이전트들이 제공한 정보를 활용하여 더 깊이 있고 정확한 상담을 진행하는 것이다. 여러 GPT 기반 에이전트를 활용하면, 상담사는 마치 여러 명의 조수와 함께 일하는 것과 같은 효율을 가져올 수 있다. 반복적인 작업이나 자료 준비는 AI 조수들에게 맡기고, 인간 상담사는 공감적 관계 형성과 중요 임상 판단에 더 집중할 수 있게 되는 것이다. 이는 결국, 상담 효율을 높이고 내담자에게 맞춤형 서비스를 제공하는 역할을 하리라 기대된다. 멀티 에이전트 구조 덕분에 상담사는 방대한 지식과 다양한 기법을 실시간으로 활용할 수 있고, 동시에 전문 팀과 같은 다각도의 지원을 받아 혼자서는 놓칠 수 있는 부분까지 챙길 수 있을 것이다. AI 시대, 새로운 심리상담 시스템이 아직 대중화되지는 않았으나, 멀티 에이전트 시스템을 통한 협업적 상담은 머지않아 심리상담의 중요한 한 축으로 자리매김할 것이라 예상된다. 변화의 물결 속에서, 전문 상담사인 우리도 AI와 협업하는 방법을 배우고 준비한다면, 더 많은 내담자들에게 더 나은 도움을 줄 수 있으리라 기대된다.

참고문헌

Kampman, O. P. et al.(2024). A multi-agent dual dialogue system to support mental health care providers.

https://doi.org/10.48550/arXiv.2411.18429
OneReach(2025.7.17). Unlocking the power of multi-agent AI systems: The top 5 open protocols. OneReach.ai. https://onereach.ai/blog/power-of-multi-agent-ai-open-protocols/
OpenAI(2023.11.6). Introducing GPTs. https://openai.com/index/introducing-gpts/
OpenAI(2024a). Agents(OpenAI Developers Documentation). https://platform.openai.com/docs/guides/agents
OpenAI(2024b.2.13). Memory and new controls for ChatGPT. https://openai.com/ko-KR/index/memory-and-new-controls-for-chatgpt
OpenAI(2025.2.27). Introducing GPT-4.5. https://openai.com/ko-KR/index/introducing-gpt-4-5
Pattar, V. et al.(2025). MindCare: A multi-agent AI architecture for personalized and responsible mental health support. *International Journal of Research and Scientific Innovation, 12*(5), pp.2006~2021. https://doi.org/10.51244/IJRSI.2025.120500181
Saboo, S. & Gupta, G.(2025.11.10). Google's Agent Garden is open to all: OpenAI GPT-5-Codex-Mini, Perplexity Comet on Android. The Unwind AI. https://www.theunwindai.com/p/google-s-agent-garden-is-open-to-all

10
심리상담에서의 AI: 대체가 아닌 융합

최근 연구들은 LLM이 인간 상담사의 핵심 기능을 대체할 수 없음을 일관되게 강조한다. AI 시대에 상담사의 역할은 재구조화를 요구받고 있다. AI 리터러시 능력이 좋은 심리상담사는 더욱 주목받을 것이며, 인간 심리상담 전문가 중심에 AI가 결합된 모델이 등장하게 될 것이다. 이러한 흐름에서 AI는 인간 상담사를 대체하는 것이 아니라 인간 상담사 고유의 인간성에 더욱 주목하게 이끌 것이라는 점을 안내하고자 한다.

AI와 미래 의사?

심리상담에서 AI의 한계와 위험 요인

심리상담 영역에서 LLM 기반 정신건강 연구는 가상의 내담자와의 시뮬레이션을 통한 상담 역량 향상을 위한 연구뿐 아니라 인지 행동 치료(CBT)와 같은 구체적인 치료 기법이 내담자에게 얼마나 효과가 있는지를 검증하는 방향의 연구까지 포괄적으로 이루어지고 있다. 그러나 이러한 연구들이 한 목소리로 이야기하는 것이 "LLM은 숙련된 상담사의 임상적 판단을 대체할 수 없으며 보조적 역할이 적절하다"라는 점이다.

Stanford HAI(Human-Centered AI)의 정책 브리프(Stade et al., 2024)는 LLM을 심리 치료에 적용할 때 반드시 고려해야 할 핵심 기준을 제시하며, 이는 정신건강 분야에서 AI 기술을 안전하고 책임 있게 통합하기 위한 국제적 표준으로 평가된다. 문헌에서는 심리상담 분야에서 LLM을 적용할 때 반드시 고려해야 할 기준들을 제시하고 있으며, 다음은 그 기준들을 상담 현장에서 적용할 때의 관점에서 정리한 것이다. 안정성(Safety)은 자살 · 타해 위험, 중증 정신증 · 해리 · 급성 위기 등 생존과 당면한 위험이 존재하므로 실제 현장에서 상담사가 위기 감지 기준, 자동 경보 및 즉시 개입 체계, 사람 개입의 확인 절차 등을 별도로 마련해야 한다.

환각 및 오류 모니터링(Hallucination & Errors Monitoring)은 LLM이 생성하는 텍스트는 사실과 다를 수 있으므로(환각: hallucination), 이는 상담 맥락 안에서 잘못된 조언, 과도한 낙관 또는 위험 회피 제언 등의 심리적 위해로 이어질 수 있다. 따라서 사람 검토 프로토콜 등이 반드시 포함되어야 한다.

편향과 차별 최소화(Bias & Discrimination)는 LLM 학습 데이터의 불균형, 문화 언어 성별 집단의 대표성 부족으로 상담 과정에서 특정 집단에 불리하거나 부적절한 응답을 초래할 수 있으므로 상담 도구로서 AI를 설계할 때 문화 · 언어 · 다양성 고려, 소수자 인구 집단 테스트, 검증 데이터의 대표성 확보 등이 필수적이다.

개인정보 및 기밀성 보호(Privacy & Confidentiality)는 상담 현장에서 AI 도구 사용 시 데이터 수집, 저장, 보관, 접근 권한 관리 전반의 제도적 장치 마련, 익명화 및 암호화 처리, 동의서 체계 등이 마련되어야 한다.

인간 전문가의 의사 결정 중심 유지(Human-in-the-loop)는 상담 치료 과정에서 인간 치료사의 판단과 개입은 여전히 필수적이며 완전 자율적인 치료자로 AI가 독립적으로 기능하는 것에는 현재로선 위험이 크다. 따라서 AI 출력에 대한 상담사의 설명 가능성, 최종 결정권 및 책임 주체 명시, 상담사 교육 및 AI 사용 매뉴얼 등이 필수적으로 갖추어져야 함을 명시한다.

화 등(Hua et al., 2025)은 정신건강 영역에서 LLM을 활용한 개입 연구의 범위와 특성을 탐색하기 위해 스코핑 리뷰(scoping review)를 실시하였다. 연구에서는 2020년부터 2024년까지 발표된 LLM 기반 정신건강 생성 모델 연구를 체계적으로 검토해 LLM을 실제 임상 심리 치료에 적용할 수 있는지 평가하였다. 본 연구를 통해 LLM이 정신건강 상담에 실제로 사용될 수 있는지, 치료 효과나 안정성에 대한 근거가 충분한지, 왜 아직 독립적 치료자가 될 수 없는지, 어떤 평가 프레임워크와 기준이 필요한지에 대해 답하고 있다.

먼저 LLM 정신건강 적용의 현재 수준은 가능성은 있으나 근거는 매우 부족한 상황으로, 실제 환자를 대상으로 한 임상 검증은 거의 없으며, 대부분 가상 시나리오 또는 단기 관찰 연구만 존재하며 따라서 지금까지는 도구적 보조 수준이지 치료자 대체는 불가능하다고 결론짓는다. LLM이 치료자로 쓰이지 못하는 핵심 이유로는 안정성 및 위기 대응 결여가 거의 평가되지 않았으며, LLM은 자살 위험, 해리, 정신증, 급성 스트레스 등 고위험 상황에서 적절히 대응하지 못할 가능성이 매우 높다고 밝히고 있다. 또한 LLM이 공감 정서 조율이 일관되지 않으며 사용자에 따라 과도하게 낙관적 또는 비현실적 조언을 제공한다고 보고하며, 이는 치료 동맹 형성의 핵심적 요소의 결여를 의미한다. 또한 LLM을 사용한 치료에 대한 측정 도구와 평가 기준의 부재로 임상 효과를 주장할 만한 신뢰성 있는 근거는 없다고 밝힌다.

종합하면, 안전성과 사생활 보호 측면이 확보되지 않으면 LLM 기반 정신건강 개입은 임상 사용에 부적합하며, 임상 효과를 위해서는 치료자의 지속적인 개입이 필수적이며, LLM의 단독 개입은 여전히 위험하고 전문가 감독 하 보조적 도구로만 사용 가능함을 명시하고 있다. 또한 정서적 민감성, 관계적 맥락 이해, 가치 윤리 판단, 위험 상황 감지 이 네 가지는 인간 특유의 심리 · 인지 · 윤리 능력이므로 현재 LLM 기술로는 이러한 인간 고유의 인간성을 구현하는 것이 불가하다고 밝힌다.

무엇보다 AI의 투명성 · 책임성 · 보안이 평가되지 않았으므로 법 · 윤리 · 임상적 책임의 부재 문제로 독립적 치료자로 쓰이는 것은 원칙적으로 불가능하다고 보며, 핵심 메시지는 "현재의 LLM은 정신건강 분야에서 독립적 치료자로 사용될 수 없으며, 안전하고 책임 있는 임상 통합을 위해서 보조적 · 협력적 활용이 가장 적절하다"

는 것, 따라서 "AI는 심리상담사를 대체하는 존재가 아니며, AI는 상담사를 보조하고 상담 효율을 증가시키는 기술로, 인간 전문가 중심의 구조(human-in-the-loop)가 필수적이다"라는 것이다.

AI 시대, 상담사의 역할 변화

최근 연구들은 공통적으로, 심리상담에서 인간 상담사가 수행하는 핵심적 역할은 현재의 대형 언어 모델(LLM) 기술로는 대체될 수 없다고 결론짓는다. 치료적 관계 형성, 정서적 조율, 위험 판단과 같은 과정은 단순한 정보처리나 언어 생성 능력만으로 수행될 수 없다. 이는 숙련된 상담사의 정서적 민감성, 비언어적 단서에 대한 직관적 해석, 내담자의 말 뒤에 놓인 맥락과 내담자와의 관계 역사를 감지하는 능력 등 인간 고유의 심리 · 인지적 역량에 기반한다. 따라서 LLM이 아무리 발전하더라도 상담사가 담당하는 정서적 · 윤리적 · 관계적 기능은 본질적으로 기계가 재현할 수 없는 영역일 것이다.

그렇다면 AI가 상담 현장에서 의미 없는 기술이라는 것인가? 이 또한 아니다. 오히려 최근 연구는 상담사의 역할이 대체되는 것이 아니라 변화되는 방향에 있음을 보여 준다. 이는 미르자에이 등(Mirzaei et al., 2024)에서도 언급된 것으로, 문헌에서는 LLM이 의료 제공자를 대신하는 것이 아니라 의사 결정 진단 커뮤니케이션을 보조하고 강화하며, 의료진의 역할은 신뢰, 윤리적 판단, 감독, 공정성 보장을 책임지는 방향으로 변화한다고 말하며, LLM이 안전한 통합을 위해서는 인간 전문가의 상시 개입 · 감독 · 교육이 필수적임을 언급하고 있다. 즉, LLM은 상담사의 역량을 증폭시키는 보조적 기술로 작용한다. 예를 들어, 상담 기록과 요약 자동화, 심리 교육 자료의 생성, 상담 숙제 안내와 sheet 생성, 내담자 이해를 위한 개념화, 내담자 자신의 자기 이해를 돕는 심리 교육 자료 제공과 같은 영역에서는 AI가 상담사의 시간을 절약하고 행정적 부담을 크게 줄여준다. 그 결과 상담사는 기계가 대신할 수 없는 본질적 치료 작업인 내담자와 관계의 깊이를 다지고 내담자의 감정과 주제를 정교하게 다루는 과정에 더 많은 에너지를 집중할 수 있다.

이러한 변화는 단순한 기술 도입 차원을 넘어 상담사의 전문성 구조가 재편되는 흐름으로 이어질 것이다. 앞으로의 심리 상담사는 "AI를 잘 쓰는 상담사"로 진화할 필요가 있으며, 이러한 방향성은 한국상담심리학회가 최근 제시한 여러 공식 자료에서도 확인된다. 2025년 학회원 홍보 칼럼 수상작인 '생성형 AI 시대에 상담심리사의 영역을 지켜내려면'에서는 상담심리사의 역할 재구성이 필요함을 강조하였고(한국상담심리학회, 2025a), 이어 발표된 '심리상담에서의 AI 활용에 대한 윤리적 권고문'은 상담사가 AI를 책임 있게 통합해야 할 윤리적 기준을 명확히 제시하였다(한국상담심리학회, 2025b). 더불어 가을 학술대회에서는 AI 관련 강의가 다수 개설되면서 학계 차원에서 AI 활용 역량을 필수적 전문성으로 강조하는 흐름이 강화되었다(한국상담심리학회, 2025c).

AI를 활용하여 내담자의 주제 패턴, 핵심 감정을 빠르게 정리하거나, 상담과 상담 사이의 과제 수행을 안내하거나, 내담자가 스스로 자기 성찰을 할 수 있는 안내를 더 깊이 있게 마련하는 능력은 상담 전문성의 일부가 될 것이다. AI를 잘 다루는 상담사는 단순히 기술 친화적이라는 의미를 넘어서, 더 깊고 효율적인 치료적 개입을 할 수 있는 전문가로 등장하며 주목받을 가능성이 크다.

결국 AI는 인간 상담사의 대체, 소멸을 의미하는 것이 아니라, 상담사의 인간적인 전문성을 더욱 선명하게 드러내는 계기가 될 것이다. 자동화할 수 있는 반복적인 작업은 AI가 맡고, 상담사는 인간만이 할 수 있는 관계적이면서 정서적인 면에 집중한다. 이는 상담의 본질이 사람과 사람 사이의 관계에 있음을 다시 확인시키며, 상담의 초점은 상담사에게 요구되는 인간 고유의 역량인 정서적 공명, 관계적 민감성, 비언어적인 단서의 직관적 해석 능력이 더욱 중요해지는 방향으로 재구조화한다. 즉, AI는 상담사를 대체하는 기술이 아니라 상담사의 인간성을 더욱 강화시키는 보조적이며 융합적인 파트너이며, 미래 상담은 고도로 숙련된 인간 심리상담 전문가를 중심으로 AI가 함께 작동하는 융합 모델이 점차 등장하며, 이러한 새로운 상담 방식이 점점 더 주목받게 될 것이다.

참고문헌

한국상담심리학회(2025a). [2025 학회원 홍보 칼럼] 생성형 AI 시대에 상담심리사의 영역을 지켜내려면? / 배우들의 마음 옆, 상담심리사 [Video]. YouTube. https://www.youtube.com/watch?v=3Q3iA4-jrDU

한국상담심리학회(2025b). "심리상담에서의 AI 활용에 대한 윤리적 권고문". https://krcpa.or.kr/user/bbs/view.asp?page=1&rows=15&task=ins&bid=bid_52&bord050Seq=821574&searchText=

한국상담심리학회(2025c). "2025년 가을 학술대회 개최 안내". https://krcpa.or.kr/user/bbs/view.asp?page=1&rows=15&task=ins&bid=bid_50&bord050Seq=832128&searchText=

Hua, Y. et al.(2025). A scoping review of large language models for generative tasks in mental health care. npj *Digital Medicine, 8*, 230. https://doi.org/10.1038/s41746-025-01611-4

Mirzaei, T. et al.(2024). Clinician voices on ethics of LLM integration in healthcare: A thematic analysis of ethical concerns and implications. *BMC Medical Informatics and Decision Making, 24*, 250. https://doi.org/10.1186/s12911-024-02656-3

Stade, E. C. et al.(2024). Toward responsible development and evaluation of LLMs in psychotherapy. Stanford HAI Policy Brief. https://hai-production.s3.amazonaws.com/files/2024-06/HAI-Policy-Brief-Responsible-Development-LLMs-Psychotherapy.pdf

이혜숙

아동·청소년·청년 심리상담을 전문으로 하는 임상 18년 차 심리상담 전문가로, 성균관대학교에서 아동·청소년 학사와 아동청소년 임상 및 상담심리 석사 학위를 취득했다. 현재 서울 은평구 연세봄 정신건강의학과와 영등포 성모 정신과 의원, 경기 안양 평촌 디딤 정신건강의학과에서 아동·청소년·청년을 대상 심리상담을 하고 있다. 2008년 서울 성동구정신건강복지센터에서 아동·청소년 심리치료사로 시작하여 강남대, 남서울대, 국민대 등 교육기관과 정신건강복지센터 등에서 정신건강 및 학부모 양육자 교육과 상담 프로그램을 진행하며 활동 영역을 넓혀 왔다. 상담과 인공지능의 융합에 관심을 갖게 된 이후, 2023년에는 심리상담챗봇의 제작기인 '고민친구'로 브런치북 연재를 시작하였다. 한국상담심리학회 학술대회에서 2024년 'ChatGPT 상담사 대화기술 연습 프로그램', 2025년 '긍정심리치료 매뉴얼을 기반으로 AI 챗봇 설계 및 상담 적용'을 발표하였다. 주요 저작으로는 《심리상담사를 위한 ChatGPT 활용 매뉴얼》(2025년, 공저), "심리상담사를 위한 대화기술 역량 강화 프롬프트 세트"(2025년 저작권 등록)가 있으며, AI 기반 상담 에이전트 개발 및 융합을 연구하는 활동을 지속하고 있다.